Stb

Die Autorin

Rhea Koch wurde bereits als Kind von ihrer Groß-mutter in die Kunst des Kartenlegens eingeweiht und praktiziert diese nun seit über 50 Jahren. Sie hat zahlreiche Bücher zum Thema veröffentlicht. Zudem hat sie die Reiki-Einweihung und befasst sich inten-siv mit Kinesiologie und Astrologie. Rhea Koch ist als Lebensberaterin tätig und gibt auf Anfrage Ein-zelunterricht im Kartenlegen.

Das Buch

Dieses Buch bietet allen Singles eine einfache Mög-lichkeit, mithilfe der Spielkarten die Suche nach der wahren Liebe und dem richtigen Partner zu unter-stützen. Die Karten geben Antwort auf die Fragen, was eine erfüllende Beziehung blockiert oder was man durch den richtigen Partner über sich selbst erfahren kann. Auf leicht nachvollziehbare Weise kann jeder Leser einen Blick in die Zukunft wagen und sein persönliches Erfolgsgeheimnis für eine er-füllende Partnerschaft erfahren.

Rhea Koch

Kartendeutung für Singles

Originalausgabe

© 2010 Schirner Verlag, Darmstadt

ISBN 978-3-89767-673-2

1. Auflage 2010

Verwendung der Kartenbilder mit Genehmigung der Spiel-
kartenfabrik Altenburg GmbH, © 2010 ASS Altenburger

Umschlaggestaltung: Murat Karaçay
unter Verwendung des Bildes Nr. 3271532,
www.fotolia.de
Fotos: www.fotolia.de
Redaktion: Katja Hiller, Schirner
Satz: Daniela Schirach, Schirner
Printed by: Reyhani Druck & Verlag, Darmstadt, Germany

www.schirner.com

Inhalt

Einführung

Der Einsame

Wer einsam ist, der hat es gut,
Weil keiner da, der ihm was tut.

Ihn stört in seinem Lustrevier
Kein Tier, kein Mensch und kein Klavier,
Und niemand gibt ihm weise Lehren,
Die gut gemeint und bös zu hören.

Der Welt entronnen, geht er still
In Filzpantoffeln, wann er will.
Sogar im Schlafrock wandelt er
Bequem den ganzen Tag umher.

Er kennt kein weibliches Verbot,
Drum raucht und dampft er wie ein Schlot.
Geschützt vor fremden Späherblicken,
Kann er sich selbst die Hose flicken.

Liebt er Musik, so darf er flöten,
Um angenehm die Zeit zu töten,
Und laut und kräftig darf er prusten,
Und ohne Rücksicht darf er husten,

Und allgemach vergisst man seiner.
Nur allerhöchstens fragt mal einer:
»Was, lebt er noch? Ei Schwerenot,
Ich dachte längst, er wäre tot.«

Kurz, abgesehn vom Steuerzahlen,
Läßt sich das Glück nicht schöner malen.
Worauf denn auch der Satz beruht:
»Wer einsam ist, der hat es gut.«

                                        Wilhelm Busch

Liebe Leserin, lieber Leser,

beim Lesen des Gedichts von Wilhelm Busch wirst du vermutlich denken: »So nicht, auch wenn einiges dafür spricht.« Einsame Wölfe findet man nicht nur unter Männern, sondern sogar noch eher unter Frauen. Die Rolle der Frau hat sich im letzten Jahrhundert stark verändert. Frauen müssen nicht mehr versorgt werden, sie versorgen sich nun selbst. Doch im Übereifer der neuen Freiheit gestaltet sich das Privatleben oft sehr einsam und unausgefüllt. Die Emanzipation hat uns Frauen viele Vorteile gebracht, aber die Männer auch geschwächt. Wir wählen unseren Partner heute aus anderen Gründen, als in ihm einen Ernährer oder unsere Lebensversicherung zu sehen. Doch auch das Miteinander zwischen den Partnern sollte neu gestaltet werden. Die Erkenntnis der Verbundenheit in Liebe und der Zusammengehörigkeit zwischen beiden muss wieder neu erarbeitet werden.

Nun fragst du dich sicherlich: »Wie finde ich den richtigen Partner?« Den richtigen Partner gibt es eigentlich nicht, es ist immer nur der richtige Weg des Angenommen-Seins und der Geborgenheit, den wir in einer Beziehung finden können. Lieben und gleichzeitig geliebt werden ist das Ideal, das wir zu erreichen versuchen. Dann können wir in Freiheit Liebe verströmen und auch annehmen. Unser Partner ist immer ein Spiegelbild von uns selbst. Wir können in jedem Partner, dem wir begegnen, viel über uns erfahren. Es gibt also viele richtige Partner und nicht nur den einen.

Nimm ein Skatkartenspiel zu Hand, und frage einmal nach, was in deiner wunderbaren und verborgenen Schatztruhe alles zu finden ist.

Die wahre Liebe zu finden wünscht dir

Rhea Koch

Anleitung zur Befragung der Karten

Mische die Karten gut. Das ist sehr wichtig, denn das Mischen ist der einzige Einfluss, den du auf die Schicksalsfindung haben kannst. Du überträgst damit deine Schwingung auf die Karten. Konzentriere dich dabei auf dein Gefühl und den Satz: »Ich will nicht mehr allein durch das Leben gehen.« Im ersten Schritt ziehe eine Karte, und lies sehr aufmerksam Deutung A der erwählten Karte. Nimm dir Zeit, und lasse den Text in dir wirksam werden.

Als zweiten Schritt darfst du drei weitere Karten ziehen, für die du die Deutung B nachliest. Diese Karten sollen dir als Wegweiser dienen.

Komme nicht in Versuchung, im ersten Schritt mehr als eine Karte zu ziehen. Es gibt dabei eine Ausnahme. Wenn du den »Kreuz-Bube« gezogen hast, ist es dir erlaubt, nach einiger Zeit noch einmal eine Karte zu ziehen. Der »Kreuz-Bube« besagt auf der ersten Position, dass diese Verbindung eindeutig der falsche Weg ist.

Zu dieser Vorgehensweise möchte ich dir im Folgenden drei Deutungsbeispiele geben:

Erstes Beispiel

Du hast das »Pik-Ass« gezogen, es ist deine Hauptkarte. Lies nun die Deutung A zu dieser Karte, und lasse den Text auf dich wirken. Danach ziehst die Wegweiserkarten, und deutest sie nach den Texten zu B. Zuerst ziehst du das »Herz-Ass«. Diese Karte sagt dir: »Schaffe Platz für Neues, und befreie dich von Dingen und vor allem von Gedanken, die du nicht mehr brauchst.« Danach ziehst du das »Karo-Ass«. Es weist dich darauf hin, dass du beharrlich in deinen Bemühungen bleiben und Ordnung in deinem inneren Haus schaffen sollst. Die dritte Karte, die du als Wegweiser erwählst, ist der »Herz-König«. Er zeigt eindeutig an, dass ein Wunder geschehen wird und eure Seelen sich erkennen werden.

Zweites Beispiel

Du hast als Hauptkarte die »Karo-Sieben« gezogen. Lies den dazugehörigen Text aufmerksam, und versuche, ihn zu verinnerlichen. Als erste Wegweiserkarte begegnet dir das »Herz-Ass«. Es weist dich darauf hin, dass du Platz für Neues schaffen und keine Angst vor der Zukunft und dem Unbekannten haben sollst. Du musst noch ein wenig Geduld haben, aber dein Lebenstraum wird sich erfüllen. Die zweite Wegweiserkarte ist der »Karo-König«. Er zeigt auf klare Weise an, in welchem Umfeld du deinen Herzenspartner finden wirst. Eine Lesung, eine Buchhandlung oder ein Seminar, auf jeden Fall hat es etwas mit Wissen und Lernen zu tun. Als dritte Karte ziehst du die »Kreuz-Neun«. Sie sagt aus, dass dein Mangel an Vertrauen und die Erfahrungen, die du im Laufe deines Lebens gemacht hast, die Hindernisse sind, die es zu überwinden gilt. Sie werden von einem Helfer oder gar einem Heiler aufgelöst. Diese Person gibt dir den Schlüssel zu deiner Zukunft in die Hand und führt dich auf diese Weise zu deinem Herzenspartner.

Drittes Beispiel

Als Hauptkarte hast du dieses Mal den »Pik-König« gezogen. Lasse den Text nach Deutung A in dich einfließen. Die erste Wegweiserkarte ist die »Pik-Zehn«. Sie signalisiert dir, dass du Heimat und Geborgenheit bei der Person finden wirst, die dein Herz in der Ferne berührt, vielleicht sogar in einem anderen Land. Diese Karte kann auch ein Hinweis auf einen Partner sein, der aus einem anderen Land kommt. Die zweite Karte ist nun die »Kreuz-Acht«. Sie sagt dir, dass du dich noch in einer Blockade befindest. Dieser Zustand ist aber bald vorbei, und du kannst mit Gelassenheit dem Partner entgegengehen, der dir Erfüllung bringen wird. Als letzte Wegweiserkarte ziehst du die »Pik-Sieben«. Etwas Neues wird in dein Leben treten, vielleicht sogar die Geburt eines Kindes oder die Vollendung einer großartigen Idee. Die Karte kann auch einfach bedeuten, dass eine wunderbare und dauerhafte Verbindung mit deinem Herzenspartner vollzogen wird, vielleicht sogar eine Eheschließung.

Nach diesen Beispielen möchte ich dir eine weitere Deutungsebene der Karten vorstellen. Sie ist für alle Ungeduldigen gedacht. Du hast nun alle Karten gezogen und aufmerksam ihre Deutungen nachgelesen. Über eins musst du dir im Klaren sein: Es ist deine Hand, die diese Karten zieht. Die Karten zeigen deinen Weg, und das Auswählen der Karten ist Zufall im wahrsten Sinne des Wortes, es fällt dir zu und nur dir. Nun fragst du dich vielleicht: »Und wie geht es weiter? Soll ich nur warten und hoffen?«

Nutze die Zeit als eine gute Zeit der Erwartung, und ziehe zweimal pro Woche eine Karte. Lies den Text zu Deutung C aufmerksam durch. Die magischen Rituale, die ich den Karten zugeordnet habe, sind von großer Be-Deutung. Mit ihnen gibst du dem Schicksal die Chance, alle deine Wünsche zu erfüllen. Bei einigen Karten findest du auch Tipps zu Büchern oder CDs, die dich auf deinem Weg unterstützen können. Auch wenn du zweifelst und nicht an die Karten und die Kraft der Rituale glauben kannst, sei gewiss, dass sie ihre Wirkung entfalten werden.

Hinweis der Autorin

Die Karten in den Beispielen habe ich nicht ausge-
sucht, sondern nach der Anleitung gezogen. Es sind
aber nicht deine Karten und auch nicht meine Karten; es sind nur Beispiele.

Ich wünsche dir für die Befragung der Karten, dass
alle deine Wünsche in Erfüllung gehen.
Wenn du noch Fragen hast, kannst du mich unter
der Telefonnummer 06151/7 93 12 erreichen.
Oder du schreibst mir einen Brief an die Adresse:

Rhea Koch
Lichtenbergstraße 87
64289 Darmstadt

Deutung A

Herz-Karten

Herz-Ass

Du sorgst dich darum, dass dein Herz nicht frei sein könnte. Es ist seit langer Zeit von deiner Sehnsucht nach einem unerreichbaren Partner besetzt. Dieser Mensch sehnt sich auch nach dir, aber er wird niemals seine Familie für eine gemeinsame Zukunft mir dir verlassen.

Schaffe Ordnung in deinem inneren Haus, denn große Veränderungen haben ihren Anfang immer im Inneren. Du brauchst Platz für Neues, also trenne dich von Dingen und Menschen, die du nicht mehr brauchst. Denke daran: Wie willst du deinem zukünftigen Partner begegnen, wenn dein Herz nicht frei ist?

Bitte deinen Schutzengel um Hilfe. Mit seiner Unterstützung werden sich die Verstrickungen mit deiner unerreichbaren Liebe auflösen. Du wirst dann nur noch mit süßem Bedauern an diese Person denken.

Mit dem Menschen, den du danach sehr bald treffen wirst, verwirklichen sich all deine Träume. Dein Bild von der unerreichbaren Person wird immer blasser. Deine Träume von einer eigenen Familie und von Haus und Heim sind auch die Träume deines zukünftigen Partners. Eure Liebe wird stark und kraftvoll sein, sie ist eine gelebte Liebe. Wahre Liebe brennt wie ein reinigendes Feuer, und dieser Liebe wirst du nun begegnen.

Man kann das Leben nur rückwärts verstehen, aber man muss es vorwärts leben.

Sören Kierkegaard

Herz-König & Herz-Dame

Wenn du eine dieser Karten gezogen hast, bist du bereit, eine tief gehende Partnerschaft einzugehen. Die Karten fordern dich nicht nur dazu auf, als Frau den männlichen Teil in dir zu ergründen und als Mann die weiblichen Anteile kennenzulernen, sondern auch den Teil deiner Seele zu erkennen, der sich als Spiegelbild im Partner zeigt. Mit großer Wahrscheinlichkeit wird dir sehr bald dein Lebenspartner begegnen.

Wenn du als Frau die »Herz-Dame« gezogen hast, ist es möglich, dass deine Bindungswünsche nach einer gleichgeschlechtlichen Liebesbeziehung streben. Dies gilt auch für Männer, die den »Herz-König« gezogen haben. Welches Geschlecht der Partner hat, ist für eine tief gehende Partnerschaft weniger bedeutend, denn die Seele eines Menschen ist frei von sexuellen Neigungen und sozialen Normen.

Eine Karte, die deinem Geschlecht entspricht, kann aber auch bedeuten, dass du sehr ichbezogen und selbstzufrieden bist. Aus diesem Grund lebst du auch gern allein. Wie du auch sein magst, die Zeit ist günstig dafür, eine erfüllende Partnerschaft einzugehen. Dir wird der Partner begegnen, den dir eine gute Fee bei deiner Geburt versprochen hat.

Vertraue deiner Intuition, es wird zu einer Entscheidung kommen, die dein Leben verändert.

Liebe bleibt die goldene Leiter,
darauf das Herz zum Himmel steigt.

Emanuel Geibel

Herz-Bube

Die Wunschvorstellungen, die du in jungen Jahren fest in dir verankert hast, können dir nun auf deinen Wegen als Erwachsener eine große Hilfe sein.

Der »Herz-Bube« steht für Freude und Glück. Das Glück ist schon auf dem Weg zu dir, denn du befindest dich bereits auf dem richtigen Weg, der dich zu der Begegnung mit deinem zukünftigen Partner führt. Leichtigkeit und Freude werden deine Begleiter auf diesem Weg sein.

Mit einigen früheren Partnern hast du sehr negative Erfahrungen gemacht, aber auch das gehört zum Leben dazu. Es besteht immer ein Risiko, wenn man sich auf einen fremden Menschen einlässt. Aber der Mensch, dem du nun begegnest, kommt mit so viel Begeisterung und Optimismus auf dich zu, dass du gern diese Beziehung eingehst. Eure Partnerschaft verspricht sehr reizvoll und interessant zu werden.

Durch Beziehungen zu anderen Menschen erfahren wir mehr über uns selbst und entdecken neue Aspekte des Lebens. Du glaubst an das totale Glück in der Partnerschaft. Eine harmonische Partnerschaft besteht aus glücklichen Stunden der Zweisamkeit, aber auch aus dem Alltag, der gemeinsam in liebevoller Absicht und Toleranz bewältigen werden muss. Wichtig ist die Freude, die ihr beide Partner dabei gemeinsam erleben könnt.

Der »Herz-Bube« wird auch Glücksbube genannt. Die Begegnung mit deinem neuen Partner ist bemerkenswert, denn du hast das Glück, etwas zu finden, womit du nicht rechnst. Wird es Liebe werden? Alles steht unter einem günstigen Stern, dir begegnen Leichtigkeit und Freude.

Wer wird sich mit dem Gebimmel von
Jadeglöckchen zufriedengeben,
wenn er gehört hat, wie Felsen wachsen.
Lao-Tse

Herz-Zehn

Die »Herz-Zehn« sagt dir, dass dir die große Liebe begegnen wird. Sei offen, freue dich, und versuche nichts festzuhalten, denn die Liebe braucht die Freiheit, damit sie wachsen kann.

Die »Herz-Zehn« ist eine der höchsten Liebeskarten. Ihr Schwerpunkt liegt auf der Sexualität, dem magischen und wunderbaren Geschenk und Auftrag an uns Menschen vom großen Geist der Erde. Ohne die Sehnsucht nach Vereinigung würden wir achtlos aneinander vorbeigehen und nicht aufeinander aufmerksam werden.

Die körperliche Liebe ist ein Naturgesetz, sie wird vom Menschen in der Vereinigung in all ihrer Herrlichkeit erlebt. Im Höhepunkt des Liebesakts erblickt der Mensch für Sekunden ein Stück vom Paradies.

Die Sexualität ist das Versprechen und das Mittel, die Isolation des Ichs zu überwinden. Erst in der Vereinigung mit einem anderen Menschen erfahren wir, dass das verlorene Paradies noch immer vorhanden und für uns erreichbar ist.

Wenn der Zauber der Vereinigung auch die Seelen von dir und deinem Partner berührt, sind alle Voraussetzungen für eine Lebensbindung erfüllt.

Sie hielt den Vogel gefangen,
den zitternden Vogel der Lust.
Du hast gewusst: Er lebt.
Aus euren geöffneten Händen
hat er im Purpurmorgen mit der Brandung
das Ufer erreicht.

Rhea Koch

Herz-Neun

Du bist auf der Suche nach deinem Seelenpartner. In unserem Dasein auf Erden begegnen wir auch vielen anderen Partner, dies ist abhängig vom Grad unserer Entwicklung. Auch mit diesen Menschen können wir harmonische Beziehungen erleben. Auf diese Weise erfahren wir, dass die Liebe viele Aspekte und Variationen hat. In jedem deiner vergangenen Leben musstest du etwas lernen.

Die »Herz-Neun« signalisiert dir, dass du in diesem Leben mit Sicherheit deinem Seelenpartner begegnen wirst. Sei behutsam mit dieser Liebe, und versuche, alle inneren und äußeren Gefahren abzuwenden. In vielen früheren Leben hattest du mit dieser Seele bereits mehr oder weniger innigen Kontakt. Euer Zusammensein wird nicht immer leicht sein, aber die große Verbundenheit, die ihr beide fühlt, und die innige Zuneigung zueinander sollten euch die Kraft geben, an euch zu arbeiten und etwas für eure Liebe zu tun.

Dein Herz wird dir ein Zeichen geben. Trauer und Schwermut verschwinden wie von selbst, wenn dir dieser Partner begegnet. Die Möglichkeiten dieser Begegnung können vielfältig sein: von der klassischen Vermittlung durch Freunde, über eine Zeitungsanzeige bis hin zum Internet; alles ist möglich. Auch eine Zufallsbekanntschaft ist nicht ausgeschlossen. Mit diesem Menschen spürst du das Einssein auf einer sehr vertrauten Ebene.

Darin besteht die Liebe:
Dass sich zwei Einsame beschützen
und berühren und miteinander reden.

Rainer Maria Rilke

Herz-Acht

Dies ist die einzige Karte, die deine Herzensfragen mit einem eindeutigen »JA« beantwortet. Die große Frage, die dich seit langer Zeit beschäftigt, ist: »Finde ich meinen Herzenspartner?«

Deine Vorstellungen, Erwartungen und auch deine klare Vision von dem Partner werden sich sehr schnell erfüllen.

Die »Herz-Acht« ist auch die einzige Karte, die etwas über die Dauer und den Zeitpunkt der Ereignisse aussagen kann. Wenn du diese Karte gezogen hast, bedeutet es immer, dass sich dein Wunsch ganz schnell erfüllen wird. »Wer suchet, der findet«, und »Wer anklopft, dem wird aufgetan«, das sind Zitate, die jeder Mensch schon einmal gehört hat. Für dich aber haben sie wörtliche Bedeutung: Du findest deinen Partner, denn er will von dir gefunden werden.

Diese Karte wird auch Glückskarte genannt. Auch du wirst in Zukunft glücklich sein. Der Mensch, den du finden wirst, wird dir Erfüllung, Freude und Reichtum bringen, er ist ein wahrer Schatz. Eure Seelen werden sofort im Einklang schwingen. Es lohnt sich also, dass du dich auf »Schatzsuche« begibst. Suche an unbekannten Plätzen wie Höhlen, Inseln, Meerestiefen oder verborgenen Stellen – vielleicht auch nur im bildhaften Sinn. Natürlich gehört auch Mut dazu, diesen Schritt zu gehen, aber den hast du ja. Mut ist die treibende Kraft, die dir hilft, deine Impulse, Ideen und Gedanken in Taten umzusetzen. Vertraue auf deine innere Führung und auf deine innere Stimme, dann fügen sich die Geschehnisse.

Der Himmel hilft niemals denen,
die nicht handeln wollen.

Sophokles

Herz-Sieben

Wenn du die »Herz-Sieben« gezogen hast, zeigt dies, dass du sehr einsam bist. Vielleicht lebst du sogar in einer Partnerschaft, aber du findest in ihr keine Erfüllung.

Lasse deiner Seele Flügel wachsen. Sie tragen dich an einen Ort, an dem du das findest, was dein Herz schon lange sucht. Bringe vorher Ordnung in dein Leben, und beende die unglückliche Partnerschaft. Nur wenn dein Herz frei ist, kann dir die Liebe begegnen. Es wartet bereits jemand auf dich, vielleicht an der nächsten Ecke oder in einem fernen Land. Später werdet ihr über eure Begegnung sagen: »Das Schicksal hat uns zusammengeführt«, doch eure Seelen haben sich schon lange gesucht.

Die »Herz-Sieben« steht zwar für die unerfüllte Liebe, aber diese traurige und einsame Zeit ist nun vorbei. Mache dich auf den Weg, auf den inneren und den äußeren Weg. Nimm auch einmal eine Seitenstraße oder einen Umweg, gerade dort könnte dein Wunder warten.

Diese Karte kann auch auf eine weitere Form der unerfüllten Liebe hindeuten, das Leben in einer Traumwelt. Dein Unbewusstes hat sich einen unerreichbaren Partner gesucht, mit dem du in einer glücklich-unglücklichen Illusion leben kannst. Du willst dich nicht binden, und aus Angst vor der Wirklichkeit bleiben dir reale Begegnungen verschlossen. Dir sagt die »Herz-Sieben«: »Wache auf, und öffne dich der Welt. Habe Mut, und sei entschlossen, einen neuen Weg zu gehen.«

Es ist tausendmal besser, ein Licht anzuzünden, als ewig über die Dunkelheit zu schimpfen.

Chinesisches Sprichwort

Deutung A

Karo-Karten

Karo-Ass

Das »Karo-Ass« bedeutet Wohlstand und Glück, Erfolg und Anerkennung. All das besitzt du, aber eines fehlt dir, die Liebe zu einem Partner. Diese Karte signalisiert dir, dass dein Partner schon auf dich wartet. Du musst nur die Augen aufmachen. Vielleicht findest du ihn sogar in deinem beruflichen Umfeld.

Dein Anspruch an deinen Partner ist hoch. Schönheit, Wohlstand und Ansehen sind sehr wichtig für dich. Diese Einstellung hindert dich aber daran, Grenzen zu überschreiten. Das Glück in der Liebe erreicht man nicht über Äußerlichkeiten. Konzentriere dich auf das Wesentliche deines Gegenübers, denn der Schein allein ist nicht alles.

Finde heraus, welches deine wahren Werte sind und was du gemäß dem Resonanzgesetz in deinem Partner erwartest. Wenn du spürst, wie es in dir klingt und schwingt, kannst du sicher sein, dass du dem richtigen Partner begegnet bist. Du wirst besondere Signale empfangen. Sie sind leise und unaufdringlich, aber beständig vorhanden. Schaue dich um, und höre auf diese Signale. Dein Weg ist vorbereitet. Du wirst das ersehnte Glück erlangen und wissen, was zur Erfüllung deines wahren Seelenheils wichtig ist.

Schau und du wirst finden –
was nicht gesucht wird,
das wird unentdeckt bleiben.

Sophokles

Karo-König

Wie eine Sommerbrise wird es sein, wenn dir deine neue Liebe begegnet, denn dieser Mensch strahlt Wärme und Fürsorglichkeit aus. Vielleicht ist er ein Heiler, auch ein großer Helfer ist denkbar. Mit diesem Menschen hast du den Schlüssel zur Liebe gefunden. Er hat große Kraft und wird seine Energie mit dir teilen.

In der letzten Zeit hast du die Negativität und das Unheil geradezu angezogen. Doch du konntest deine Situation nicht richtig einschätzen, nun wird dir geholfen. Du wirst bereit sein, alles, was die Zukunft dir bietet, so anzunehmen, wie es dir dargeboten wird. Die Person, die in dein Leben tritt, lehrt dich, auf allen Ebenen des Bewusstseins in Harmonie zu leben. Wenn du bereit bist, die Botschaft anzunehmen, wirst du sagen: »Ich bin verändert worden.«

Vielleicht ist der »Karo-König« aber auch nur dein Helfer, der dir den Weg zu dem Partner weist, der dir Erfüllung bringt. Dieser Mensch könnte dann auch zu deinem »Herz-König« werden.

Es ist Zeit, deine Vision Wirklichkeit werden zu lassen. Meistens kommt es ohnehin anders, als du denkst, doch darin liegt ein tiefer Sinn. Diesen Sinn wirst du erfahren, denn du gehst einer sehr glücklichen und von Liebe erfüllten Zeit entgegen.

Liebe das, was dir widerfährt
und zugemessen ist;
denn was könnte dir angemessener sein?

Marc Aurel

Karo-Dame

Du strahlst im positiven Sinne eine magische Anziehungskraft aus. Deine Güte und Freundlichkeit ziehen junge und alte Menschen sofort in den Bann. Trotz vieler guter Freunde wird dir bewusst, dass dir etwas in deinem Leben fehlt. Deine Energie verströmt sich in liebevollem Verständnis für andere. Aber was bleibt für dich übrig?

Das wird sich nun ändern, denn du wirst dich erst einmal um dich selbst kümmern. Unerwartet triffst du den Menschen, der dein ganzes Leben verändern wird. »Fall in love« heißt es im Englischen, es ist wahrhaftig ein Fallen, das dir neu und unbekannt ist. Habe keine Angst, und zweifle nicht. Du wirst aufgefangen, und es überwiegt die Freude. Die kommenden Ereignisse werden dich überwältigen und alles, was dich früher bewegt hat, tritt in den Hintergrund.

Wundere dich nicht, wenn du Dinge denkst und tust, die du bisher noch nie getan hast. Einfach gesagt: Du bist verliebt. Genieße eure Liebe, und frage dich nicht, ob dieser Partner der richtige ist oder ob diese Verbindung von Dauer sein wird. Du erlebst Fülle und bist erfüllt davon, wonach du dich gesehnt hast. Lasse deine Erwartungen frei, und erfahre, was sich entwickelt.

In einem Zwiespalt zwischen dem Herzen und dem Verstand, folge dem Herzen.

Vivekanda

Karo-Bube

Der »Karo-Bube« symbolisiert deinen Schutzengel. Der Schutzengel gehört der niedersten Hierarchie der Engelwesen an, dem Reich der Angeloi. Angeloi sind die nächsten Wesenheiten über den Menschen. Das Wunderbare ist, dass jeder Mensch seinen eigenen Engel hat, der ihn während des ganzen Erdendaseins begleitet.

»Ehen werden im Himmel geschlossen«, das ist nicht nur ein Sprichwort. Dein Schutzengel ist gerade auf dem Weg zu dem Schutzengel deines zukünftigen Partners. Nun kommt es darauf an, dass du die Botschaft erkennst, die dein Engel dir ins Herz flüstert. Du und dein Partner, ihr seid beide an den göttlichen Strom der Liebe angeschlossen. Wenn du diese Karte gezogen hast, kann es nicht mehr lange dauern, bis eure Engel das erste Treffen vereinbart haben.

Du kannst sicher sein: Was Engel zusammenführen, hat Bestand.

Doch was kannst du selbst zur Unterstützung deines Engels tun? Höre auf die Botschaften. Du kannst dem Glück entgegengehen, dein Schutzengel ist bei dir. Gehe hinaus zu einem Spaziergang in der Natur, oder suche das liebevollem Miteinander unter Menschen auf. Wenn ihr dann zusammenfindet, werdet ihr den Himmel auf die Erde holen.

Die Schutzengel unseres Lebens
fliegen manchmal so hoch,
dass wir sie nicht mehr sehen können,
doch sie verlieren uns niemals aus den Augen.

Jean Paul

Karo-Zehn

Die »Karo-Zehn« ist ein Hinweis darauf, dass dir dein Beruf und das Geldverdienen sehr wichtig sind, vielleicht sogar zu wichtig. Prüfe endlich einmal deine Lebensweise. Durch deine Arbeit versuchst du, eine Lücke zu füllen. Häufig bist du enttäuscht, wenn dein Werk, das du liebevoll errichtet hast, dir nicht die erwartete Befriedigung bringt. Du hast die Liebe und die Zweisamkeit vergessen, vielleicht weil du enttäuscht wurdest oder weil sich keine Gelegenheit für eine Beziehung ergeben hat. Es scheint, dass du die Magie des Lebens vergessen hast. Du möchtest den Zauber des Lebens vielleicht auch gar nicht erfahren, aus Angst vor Verletzungen.

Aber diese Lebensweise ist nun endgültig vorbei. Es drängt dich, denn ein Zauber liegt in der Luft. Die Kraft des Unbekannten ist am Werk, und etwas

Besonderes wird sich ereignen. Ein Mensch wird in dein Leben treten. Du fühlst dich dann wie nach einem langen Winterschlaf, und ihr beide werdet die Sterne wieder sehen können. Ihr seid auf sehr unterschiedlichen Wegen zueinander gekommen und habt doch so viele Gemeinsamkeiten. Euer Leben in der Einsamkeit war voller Fragen, nun endlich könnt ihr euch die Fragen beantworten. Eure gemeinsamen Wünsche werden nun Wirklichkeit.

Lebe jetzt die Fragen.
Vielleicht lebst du dann allmählich,
ohne es zu merken,
eines fernen Tages in die Antwort hinein.

Rainer Maria Rilke

Karo-Neun

Du bist ein sehr hilfsbereiter Mensch, leider wirst du aber auch oft ausgenutzt. Dir fällt es schwer, einem Partner zu vertrauen. Doch du weißt auch, dass die richtigen Dinge zur rechten Zeit geschehen.

Diese Zeit ist nun gekommen, nutze die Gelegenheit. Mit dem Partner, dem du begegnest, wirst du zu einer harmonischen Verbindung finden, in der Geben und Nehmen ausgeglichen sind. Du wirst der helfende und heilende Part sein, dein liebevoller Partner hingegen zieht dich mit seiner freien und offenen Art in den Bann. Lasse dir Zeit, und spüre in dir nach, wie du dich dabei fühlst. Du erweckst in diesem Menschen Fähigkeiten, die lange geschlummert haben. Ihr seid Seelenverwandte und eure Lebenswege haben sich zum richtigen Zeitpunkt vereint. In Herzensangelegenheiten habt ihr so viele Gemeinsamkeiten, so könnt ihr die schönen und wahren Dinge erkennen, erleben und genießen.

Im Alltag kann es natürlich auch bei euch zu Problemen kommen. Doch ihr sucht gemeinsam nach Lösungen und Auswegen. Ihr wachst zu einer Seelengemeinschaft zusammen, in der aber auch das Körperliche voll ausgelebt wird. Nur feiner und subtiler wird eure Liebe zum Ausdruck kommen.

Öffne dich mit aller Aufmerksamkeit eurer Liebe, und empfinde Dankbarkeit im Herzen für die Umstände, die euch zusammengeführt haben. Die Kraft eures Wirkens wird nicht nur euch, sondern auch anderen Menschen zugutekommen.

Dein Körper ist die Harfe deiner Seele.

Kalil Gibran

Karo-Acht

Wenn du für den Wandel des Lebens offen bist, wirst du Überraschungen und große Wunder erleben. Die Begegnung mit einem besonderen Menschen steht dir bevor. Seit langer Zeit wolltest du von der Liebe Abstand gewinnen und dich isolieren, damit du deinen Gefühlen nicht mehr begegnen musst. Der Glaube an das Leben und an die Liebe ist in dir verschüttet gewesen. Wie ein Wunder erscheint dir eine helfende Hand und du wirst sie ergreifen. Das Lachen tritt wieder in dein Leben, auch die Leichtigkeit, die Fröhlichkeit und vor allem der Humor. Wenn du geliebt wirst, stehst du dir nicht mehr selbst im Weg.

Der besondere Mensch öffnet dein bisher verschlossenes Herz, tief sitzende Ängste werden aufgelöst. Du wirst die Liebe und das Glück so erleben, wie du es dir nicht einmal erträumt hast.

Für diesen Neuanfang wirst du allerdings einige Dinge aufgeben müssen. Deine Zweifel und dein Misstrauen rauben dir Energie. Sie hindern dich daran, voranzukommen. Wenn wir anderen misstrauen, führt uns das zu Zweifeln an uns selbst. Die Liebe aber ist das Licht, das deine Seele erhellt. Dein Vertrauen zu diesem besonderen Menschen wächst von Tag zu Tag.

Es gibt zwei Arten, sein Leben zu leben:
entweder so, als wäre nichts ein Wunder,
oder so, als wäre alles eines.
Ich glaube an letzeres.

Albert Einstein

Karo-Sieben

Die »Karo-Sieben« signalisiert dir, dass du eine Ruhepause einlegen solltest. Dein Wunsch und deine Suche nach einem Lebenspartner verlaufen zu deinen Gunsten. Was dir zusteht, wird zu dir kommen. Hast du bereits vergessen, dass du immer bekommen hast, was du brauchtest? Deine Ansprüchen an Liebe und Partnerschaft haben dir sehr enge Grenzen gesetzt. In der Ruhepause kannst du deine Vorstellungen von Nähe und Intimität einmal näher betrachten.

Wenn man einen Traum verwirklichen will, sollte man sich auch nach unterschiedlichen Möglichkeiten der Umsetzung umschauen. Du musst dein Gefühlsleben nicht verleugnen, sondern es liebevoll schützen, denn du hast dir bereits einen sicheren Platz in deinem Leben erschaffen.

Richte dein Bewusstsein einmal auf deine Zukunftsängste, und sieh, sie werden sich vollständig auflösen. Nutze die Pause, um zu deinen Gefühlen, Handlungen und Energien vorzudringen und sie zu verstehen. Danach werden deine Scheu und deine Unsicherheit verschwunden sein. Du wirst über deinen eigenen Schatten springen können, und all deine Wünsche und Hoffnungen werden sich erfüllen. Es liegen Geheimnisse in der Luft. Das größte Geheimnis ist manchmal in einer sehr einfachen Verpackung verborgen und befindet sich auch oft ganz in der Nähe. Die Botschaft dieser Karte lautet: Die Furcht vor dem Unbekannten kommt zur Ruhe, sobald das Handeln einsetzt.

Das Schönste, das wir erleben können,
ist das Geheimnisvolle.

Albert Einstein

Deutung A

Kreuz-Karten

Kreuz-Ass

In der Liebe hast du bisher wenig Glück gehabt. Ein Mal haben die ungünstigen Umstände zu einer Trennungen geführt, ein anderes Mal war es einfach der falsche Partner. Du hast viele Frösche geküsst, aber keiner hat sich in einen Prinzen oder eine Prinzessin verwandelt. Während deiner Beziehungen hast du auch viele Schmerzen erfahren. Doch so wird es nicht mehr weitergehen. Gerade deine schlechten Erfahrungen haben dir geholfen, »die Spreu vom Weizen zu trennen«. Nun wirst du keinen falschen Partner mehr erwählen. Nimm die Herausforderung an, dein Herz wird dir den Weg zeigen. Die Zeit ist nun günstig für dich, denn du hast eine Wandlung erfahren. Dein zukünftiger Partner ist auf dem Weg zu dir, gehe ihm mit offenem Herzen entgegen.

Versuche, die Aufmerksamkeit einmal auf dich zu lenken, und verstecke dich nicht. Richte deinen Blick auf dein näheres Umfeld. Es könnte sein, dass du dort jemanden übersehen hast. Du findest einen Partner, der ebenfalls die Untiefen der Liebe erlebt hat. Gemeinsam werdet ihr in lebendigem Austausch eurer Energien die alten Wunden heilen.

Der Phönix steigt aus der Asche,
und du bist nicht alleine.
Enttäuschungen sollte man verbrennen,
nicht einbalsamieren.

Mark Twain

Kreuz-König

Der »Kreuz-König« steht für Macht und Autorität. Wenn du ihn gezogen hast, wird dir eine Person begegnen, die diese Eigenschaften hat. Wenn du auf Partnersuche bist, bedenke Folgendes: Wo die Liebe wohnt, gibt es keinen Machtanspruch. Die Stimme des Herzens ist eine stille, aber starke Kraft. Die Liebe stirbt, wenn Macht den Vorrang hat.

Deiner Würde könnte dieser Mensch einen großen Schaden zufügen, auch deinen inneren und äußeren Frieden könnte er zerstören. Wenn du auf einen solchen Menschen triffst, ziehe dich schnell zurück. Dies ist eine Warnung, die dich nicht erschrecken soll.

Die Karte ist eine Aufforderung dazu, dies klar zu erkennen und vorsichtig zu sein. Lenke deine Aufmerksamkeit auf dein Herz und deinen Verstand, und frage dich, ob du den weisen, gütigen und väterlichen Freund von dem machtbesessenen Tyrann unterscheiden kannst. Eine positive Seite der Dominanz ist die väterliche Güte und Liebe. Ein starker und liebevoller Einfluss kann zu einer Kraft werden, die prägend auf dich einwirkt.

Nicht Liebe macht blind, sondern Besitzgier.
Die Menschen werden
durch sinnliche Begierden geblendet.
Wahre Liebe befreit von Besitzgier
und macht sehend.

Shrî Ramakrishna

Kreuz-Dame

Die »Kreuz-Dame« steht im eigentlichen Sinn für die Mutter. Wir lernen sehr früh, den Wünschen unserer Mutter zu entsprechen. Außerdem glauben viele Menschen, dass der Verlust der Mutter für sie unüberwindbar sei. Für ein Kind sind dies normale Befürchtungen, aber als Erwachsener hast du deinen eigenen Weg gefunden. Du neigst dazu, dich von einem Partner abhängig zu machen, und immer noch wird Altes in dir aufgewühlt. Doch solche Herausforderungen können dein Leben auch positiv beeinflussen, wenn du deine Denkmuster und Glaubenssätze erkennst und sie korrigierst. Dann wirst du in einen harmonischen Zustand finden, der Hingabe und Freiheit vereint.

Du kannst dich jederzeit selbst mit Kraft und Liebe versorgen. Wenn du dies verinnerlichst, kommt eine körperliche und seelische Abhängigkeit für dich nicht mehr infrage. Nun ist der Weg frei, du kannst dich dem Fluss des Lebens und der Liebe überlassen. Bald schon wirst du deinem Seelenpartner begegnen und ein wohltuendes Angenommensein bei ihm verspüren. Dann nimmst du wieder am Spiel des Lebens teil und gestaltest dein Leben aktiv mit.

Deine Angst davor, dich wieder abhängig zu machen, ist eine Fessel aus vergangenen Zeiten. Nun werden sich alle Belastungen nach und nach auflösen. Die Energie der Liebe empfindet ihr, du und dein Partner, in einem wundervollen Fließen. Ihr erwartet keine Gegenleistungen vom Partner und seid in Freiheit und liebevollem Vertrauen füreinander da. Dein Partner wird dich finden, sein Schutzengel führt ihn zu dir.

Der Liebende blickt in den Spiegel,
in dem er sein Selbst entdeckt.

Plato

Kreuz-Bube

Der »Kreuz-Bube« ist die einzige Karte, die dich eindringlich warnt. Deine Absichten oder die einer anderen Person können dir großen Schaden bringen. Wenn du diese Karte gezogen hast, solltest du dich derzeit nicht auf Partnersuche begeben.

Eine weitere Warnung hält diese Karte bereit. Welchen Weg du auch gehst, halte dich fern von Drogen, egal welcher Art. Drogen stellen eine Fremdbesetzung deiner Seele dar, dein wahres Ich zieht sich dann zurück und du kannst nur noch ohnmächtig deinen Handlungen zusehen. Durch Drogen wirst du keine Freiheit finden, sie sind nur der Nährboden für deine Illusionen.

Du sehnst dich sehr nach einem Menschen, dem du vertrauen kannst. In der Zukunft wirst du ihn auch finden, aber ziehe heute keine weitere Karte mehr.

Auch wenn es dir schwerfällt, in einigen Tagen sieht die Situation sicher ganz anders aus. Dir steht eine Lebenswende bevor, aber alles hat seine Stunde. Also stelle dich den Veränderungen nicht in den Weg, Selbstmitleid ist nicht angebracht.

Lerne, dich selbst so zu lieben, wie du bist. Dann wirst du deine Grenzen überwinden und Widersprüche in dir auflösen. Habe Mut und Vertrauen zu dir selbst. Der richtige Partner wird den Weg zu dir finden. Dir stehen alle Türen für eine glückliche Zukunft offen.

Alles Vorhandene ist nur
der Samen des Größeren,
das aus ihm werden will.

Marc Aurel

Kreuz-Zehn

Du bist ein typisches Beispiel für den einsamen Menschen, den Wilhelm Busch in seinem Gedicht so humorvoll beschreibt. Vielleicht erinnerst du dich an das Gedicht aus der Einleitung.

Du zweifelst ständig daran, ob du dich überhaupt binden willst. Deine Freiheit und deine Bequemlichkeit sind dir sehr wichtig, wenn dich nicht der eine Gedanke beschäftigen würde: »Ein liebevoller Partner fehlt mir doch sehr.« Doch du genießt es auch, in Filzpantoffeln der Welt entronnen zu sein und der genussvollen Einsamkeit zu frönen. Deine widersprüchlichen Gedanken und Wünsche belasten dich immer mehr, denn du willst ja, dass sich eines Tages jemand an dich erinnert. Deine Bequemlichkeit und dein Egoismus halten dich davon ab, auf andere Menschen zuzugehen.

Die Erlösung aus dieser Situation kommt sehr überraschend. Du wirst dann keine Zeit dafür haben, in Zweifel zu geraten. Du kannst nicht mehr zwischen Freiheit und Bindung wählen, es ist bereits entschieden. Du wirst die seltene Liebe auf den ersten Blick finden. Der Mensch, der nun in dein Leben tritt, wird genau so verwundert sein wie du. In eurer Beziehung werdet ihr Kompromisse machen müssen, aber dies tut ihr gern. Es wird euch leichtfallen, denn mit liebevoller Geduld werdet ihr euer gemeinsames Leben formen und gestalten.

Der Wind sammelt die Wolken,
und der Wind treibt sie auch fort.
Der Verstand schafft Fesseln,
und der Verstand befreit uns auch davon.

Adi Sankaracharya

Kreuz-Neun

Die »Kreuz-Neun« signalisiert dir, dass du glaubst, in einer ausweglosen Situation zu sein. Deine beruflichen und privaten Verpflichtungen lassen dir keine Zeit für deine persönlichen Bedürfnisse. Verantwortung, Sicherheit und Pflichtgefühl sind für dich keine leeren Worte, sie zeichnen dich aus. Aber du hast Mühe, dich von dem zu trennen, was du geschaffen hast. Erkenne, dass du dein Verhalten ändern kannst. Überlege dir, was wäre, wenn du einige Verhaltensweisen ändern würdest. Aber gehe auch einmal unter Menschen, und lasse dich von ihnen inspirieren. Du wirst lernen, dich vom Leben tragen zu lassen. Es wartet jemand auf dich, der ähnliche Sorgen hat.

Nimm dir eine Auszeit, und tue etwas, was du noch nie getan hast. Ein paar Stunden in der Woche gehören von nun an dir allein. Treibe Sport, oder wenn du es ruhiger angehen willst, gehe in eine Bar oder ein Straßencafé. Auf dich wartet so viel Freude, öffne dich der Liebe, ihrer Wärme und ihrer Kraft.

Auch dem Partner, dem du begegnest, ist es nicht leichtgefallen, sich zu überwinden und unter Menschen zu gehen, darin seid ihr euch ähnlich. Ihr findet fast wortlos zueinander. Ein Lächeln und das Gefühl von Nähe und Vertrautheit wird sich einstellen. Durch diesen Partner erfährst du, wie du dich selbst , aber auch deine Sorgen und Alltagsprobleme annehmen kannst. Die Liebe, die Quelle des Lebens, wird euch verbinden. Gemeinsam werdet ihr die Probleme lösen, die euer Privatleben derart durcheinandergebracht haben.

Alles Leben entsteht in der Geborgenheit
und kann ohne sie nicht gedeihen.
Wer Geborgenheit schenkt, schenkt Leben.

Verfasser unbekannt

Kreuz-Acht

Versuche, die Ursache deiner seelischen Verletzung zu finden. Wann und wo hast du sie erlitten? Vergiss nicht, auch in der Tiefe deiner Seele nachzuforschen, ob du andere verletzt hast. Beides hinterlässt Narben. Verzeihe dir und den anderen Menschen, dann kann der Heilungsprozess einsetzen und auch du wirst Frieden und Harmonie erleben.

Das Licht auf deinem Lebensweg wird unverhofft aufleuchten, und der göttliche Plan bringt die dir bestimmten Lebensströme zusammen. Auch du wirst den Partner finden, den gleich gesinnten Freund. Eure Herzen werden die angestauten Energien in euch wahrnehmen und sie bewusst abfließen lassen. Ihr beide habt viele Verletzungen empfangen, aber auch anderen Leid zugefügt. Doch die frei werdende Liebe eurer Herzen wird sich vereinen und viel zu eurer Heilung beitragen. Weil ihr das Tor zu einer unendlich tiefen Quelle geöffnet habt, werdet ihr euch eurer Lebensaufgaben bewusst werden. Durch eure Liebe ändert ihr auch veraltete Wertvorstellungen.

Wer möglichst schnell Schutz
für sich und andere sucht,
sollte das heilige Geheimnis üben,
das Austauschen von »Ich« und »Andere«.

Shantideva

Kreuz-Sieben

Die »Kreuz-Sieben« deutet auf Tränen hin. Doch sei froh, wenn du weinen kannst. Dem Weinen geht zunächst ein Schmerz voraus und ihm folgt eine tiefe Erschütterung. Versuche, das innere Beben nicht zu beenden, es spült Schlacken aus deiner Seele heraus. Erst wenn dieses Beben vorüber ist, sehen deine Augen die Dinge wieder klar. Habe keine Angst, und frage dich dann, was du tun kannst.

Dir werden Menschen begegnen, vielleicht in einem Seminar. Es kann auch auf einem Spaziergang in der Einsamkeit passieren, dann triffst du den Menschen, der deine Tränen trocknen wird. Aus eurer Begegnung kann sich eine Liebesbeziehung entwickeln, aber auch eine gute Freundschaft kann eine Kraftquelle und ein Segen für das ganze Leben sein.

Für dich ist nun eine Ruhephase eingeplant. Deine Seele will ruhig fließen und strömen und an Klarheit gewinnen und Tiefe, erst dann kannst du das Miteinander und das Einssein mit einem Partner erleben. Baue zunächst Frieden und Harmonie in dir auf. Danach ergibt sich der nächste Schritt auf deinem Lebensweg wie von selbst.

Der Weise benutzt sein Herz
wie einen Spiegel.
Er sucht die Dinge nicht
und geht ihnen auch nicht entgegen.
Was auf ihn zukommt,
nimmt er in seinem Spiegel auf,
tut aber nichts dazu, es dort zu halten.
Das aber ist es eben, was ihn fähig macht,
über alles zu siegen und
selbst nie verletzt zu werden.

Dschuang Dsi

Deutung A

Pik-Karten

Pik-Ass

Dein Verständnis von Gerechtigkeit hat in deinen Beziehungen schon häufig zu Schwierigkeiten geführt. Zu unterschiedlich waren bzw. sind oft eure Ansichten darüber, wer bei Streitigkeiten recht hat. Wenn vieles in deinem Leben schiefgegangen ist, geschah dies aufgrund eines Mangels an wirklicher Liebe.

Ausdauer und Vertrauen, verbunden mit Gerechtigkeit und Entschlusskraft, werden in Zukunft das Fundament deiner neuen Partnerschaft sein. Wenn die Liebe wahrhaftig ist, gibt es keine Verlierer und keine Sieger.

Dein neuer Partner ist nicht weit von dir entfernt. Er ist dir so nahe, dass du ihn fast berühren kannst. Aber deine Augen nehmen ihn noch nicht wahr, er hat deine Aufmerksamkeit bisher nicht auf sich gezogen. Aber bald werden deine Augen ihn sehen, du wirst ihn in deinem Umfeld wahrnehmen. Mit einem Schlag erkennst du dann, dass nur dieser Mensch es sein kann, der deiner Sehnsucht nach Liebe eine wirkliche Chance auf Erfüllung geben kann.

Er wird dir ein Partner sein, der dich versteht, ohne dich zu beurteilen oder zu verurteilen. Das wiederum wird eine befreiende Wirkung auf dich haben, denn in der Vergangenheit warst du nicht frei von Vorurteilen. In dieser neuen Partnerschaft wird es die Frage danach, wer recht hat, nicht mehr geben. Streitigkeiten beendet ihr auf eure Weise: Ihr einigt euch gütlich.

Ich bin die Tür,
die deine Verschlossenheit auftut,
die dich einlässt
aus dem Gefängnis deiner Selbstsucht.
Selbst eine schwere Tür hat nur
einen kleinen Schlüssel nötig.

Charles Dickens

Pik-König

Dein Herz braucht wie deine ganze Person einen Ort, an dem du dich geborgen fühlst, und einen Menschen, dem du vertrauen kannst und in dessen Zuneigung du Heimat findest. Diese Person wird dir nun begegnen, sie wird dein Herz und deine Seele berühren. Einer festen Partnerschaft, auch einer Ehe, steht nichts im Weg. Eure Begegnung ist einzigartig, denn Zartheit und Sanftheit sind eure Begleiter. Ihr wisst genau, dass euer Zusammentreffen eine göttliche Fügung ist, an der auch eure Schutzengel einen großen Anteil haben.

Schließe deine Augen, und lasse in dir eine wunderbare Vision entstehen. Fühle, wie dein Partner dich berührt, und spüre seine Hände auf deiner Haut. Schenke nicht dem Aussehen deines Partners Beachtung, sondern deinen Empfindungen. Nimm diese

Vision hinüber in deinen Alltag. Es wird nicht lange dauern, dann werdet ihr von euren Schutzengeln zusammengeführt.

Erfüllung geschieht immer dann, wenn wir bereit sind, zu empfangen. Aber beachte das große Erfolgsgeheimnis: Lerne es, deinen Partner zu verstehen und anzunehmen, so wie er ist, ohne ihn verändern zu wollen.

Die Nähe und das Einssein halten meistens nur Minuten an, manchmal aber auch Stunden, sie sind wie die Perlen einer Kette. Die Schnur bzw. der Knoten zwischen den Perlen eurer Zweisamkeit stellt euren Weg dar, den ihr allein geht. Doch diese Stückchen Schnur sind auch immer die Verbindung zur nächsten Perle, der nächsten Stunde eures Zusammenseins. Das gemeinsame Miteinander darf eure Eigenständigkeit und Individualität nicht verhindern.

Eine gute Ehe ist die,
in der der eine den anderen
zum Schutzengel seiner Einsamkeit bestellt.

Rainer Maria Rilke

Pik-Dame

Jungsein heißt kraftvoll, neugierig und offen zu sein – aber diese Qualitäten der Seele sind unabhängig vom Alter. Du wirst neue Wege gehen, ein frischer Wind weht. Partnerschaften willst du mit Leichtigkeit erleben, und noch strebst du keine feste Bindung an.

Das ist gut so, wenn du noch jung bist. Solltest du aber schon im reiferen Alter sein, so zeigt dir diese Karte, dass dir Ungebundenheit und Freiheit sehr wertvoll sind.

Du solltest vermeiden, dich mit einem Partner einzulassen, der gebunden ist. Dies wäre zwar eine gute Ausrede dafür, deine Beziehungsunfähigkeit vor dir selbst zu verstecken, aber eine solche Beziehung bringt nur Leid für alle Beteiligten.

Schaue dich noch ein bisschen um, und genieße deine Freiheit. Sei wie ein Schmetterling, und lasse Raum in deinem Leben für das Lachen und für die Leichtigkeit.

Da deine aktuelle Situation sehr angenehm und befriedigend für dich ist, wirst du noch einen längeren Weg gehen, bis du deine Einstellung zur Partnerschaft überdenkst.

Aus nassem Ton formt man Gefäße
aber das Leere in ihnen ermöglicht
das Füllen der Krüge.
So ist das Sichtbare zwar von Nutzen,
doch das Wesentliche bleibt unsichtbar.

Lao-Tse

Pik-Bube

Du hast Freude daran, für andere da zu sein. Vergiss jedoch bei aller Fürsorge nicht, dass auch du glücklich und zufrieden sein musst, denn nur dann kannst du andere an deinem Glück teilhaben lassen.

Dein Sinn und deine Begabung für die Kunst und für die Schönheiten des Lebens hast du vernachlässigt. Nun ist die Zeit gekommen, einmal für dich selbst zu sorgen. Vertraue mutig der inneren Führung, sie bringt dir den Durchbruch zum Neubeginn. Ein kraftvoller, in sich selbst ruhender Mensch wird dir begegnen. Bei dieser Person brauchst du nicht in die Helferrolle zu verfallen, denn er kann für sich selbst sorgen.

In dieser freien Beziehung kommt es zu einer fruchtbaren Zusammenarbeit. Aber nicht nur die gemeinsame Arbeit verbindet euch, auch eure Herzen werden sich finden. Kreativität und Lebensfreude werden eure Begleiter sein. Ob schöpferisch tätig in der Kunst oder in der Natur, ihr werdet nicht vergessen, auch für eure Mitmenschen da zu sein und Verantwortung für sie zu übernehmen. Mit diesem Menschen erfüllt sich dein Wunsch, in der Zweisamkeit auch die anderen Menschen nicht zu vergessen.

Die Menschen kommen
durch nichts den Göttern näher,
als wenn sie Menschen glücklich machen.

Marcus Tullius Cicero

Pik-Zehn

Dein Glück, den richtigen Partner zu finden, kommt aus der Ferne. Vielleicht machst du eine Reise in ein fernes Land, oder dein Partner kommt aus einem anderen Land. Ferne kann aber auch bedeuten, dass dein Partner in einem entfernten Ort in deinem Heimatland lebt.

Die Nebenwege, die du in früheren Zeiten gegangen bist, liegen hinter dir. Du weißt nun, was du willst. Du hattest dich eine Zeit lang aus dem großen Lebensfluss ausgeschlossen.

Achte nun einmal auf deine Träume, weniger auf den Inhalt als auf Farben, Stimmungen und auf deine Gefühle. Vielleicht begegnen dir auch Menschen aus längst vergangenen Zeiten und teilen dir etwas mit, was du bei deiner Partnersuche berücksichtigen solltest.

Ob du nun auf deine Träume hörst oder dich nur Tagträumen hingibst, du wirst neue Wege gehen, ein neues Leben beginnt.

Du wirst einem Menschen begegnen, der dich von dem Gefühl der Isolation befreit. Größere Veränderungen werden kommen, vielleicht sogar ein Ortswechsel. Mit deinem Partner wirst du Neuland betreten, und dieser Schritt wird euch wie ein Wunder vorkommen.

Dein Partner gibt dir auf deinem Weg so viel kraftvolle Energie, die Raum für das Neue schafft. Erlaube dir, dich fallen zu lassen und das Neue anzunehmen, denn die Liebe ist die Kraftquelle und die Essenz des Lebens.

Trauet euren Träumen, denn das Tor der Ewigkeit ist darin verborgen.

Khalil Gibran

Pik-Neun

In deinem Leben muss sich etwas verändern. Sorgen und Ängste machen dir oft das Leben schwer, manchmal zu Recht, aber meistens plagt dich nur die Angst vor der Angst.

Weil du jedes Risiko ausschließen möchtest, vermeidest du verbindliche Begegnungen mit einem Partner. Du legst Wert auf Anerkennung und Bewunderung; an dem Punkt aber, an dem es für dich ernst wird, ziehst du dich zurück. Dich kostet es viel Überwindung und Anstrengung, deine Gefühle und Bedürfnisse auszusprechen, und vielleicht glaubst den Menschen nicht, die dir ihre Gefühle offen zeigen. Lasse dich einmal auf sie ein, auch wenn alles nur in einem unverbindlichen Flirt endet. Du grübelst zu viel über die Zukunft. Die vorauseilenden Sorgen nehmen dir deine Leichtigkeit, die du brauchst, um mit anderen Menschen in Kontakt zu kommen.

All dies wird sich ändern. In kürzester Zeit wird es eine Begegnung geben, der du nicht mehr ausweichen kannst. Dieses Mal kannst du nicht mehr lautlos entwischen, du willst es eigentlich auch nicht. Der Mensch, der auf dich zukommen wird, hat eine fesselnde Art, der du nicht widerstehen kannst. Dann wirfst du alle Sorgen über Bord und lässt dich auf diese Person ein, zunächst nur auf ein Gespräch. Doch wenn es ernst wird, ist bereits eine große Vertrautheit zwischen euch erwachsen. Dann beginnt der sogenannte Flow, eine Welle von Freude und Glückseligkeit. Der Bann ist gebrochen, und ohne angstvolles Planen wirst du das Hier und Jetzt erleben können.

Die Liebe ist langmütig und freundlich,
die Liebe eifert nicht,
die Liebe treibt nicht den Mutwillen,
sie blähet sich nicht,
sie stellet sich nicht unbärdig,
sie suchet nicht das ihre,
sie läßt sich nicht erbittern,
sie rechnet das Böse nicht zu,
sie freuet sich nicht der Ungerechtigkeit,
sie freuet sich aber der Wahrheit,
sie verträgt alles, sie glaubet alles,
sie hoffet alles, sie duldet alles.

Neues Testament, Korinther

Pik-Acht

Die »Pik-Acht« sagt dir, dass die Zeit für eine besondere Begegnung gekommen ist. Verlasse deine Wohnung, und wo immer du auch hingehst, du wirst geführt – auch wenn du glaubst, dass du deine Wege selbst bestimmst. Die Begegnung kann auf einer kleinen Reise stattfinden oder auch auf dem Weg zum Bäcker um die Ecke.

Denke an die Spruchweisheit: Auch wenn du es eilig hast, gehe einmal einen Umweg! Eine Situation, auf die diese Weisheit zutrifft, haben wir alle schon einmal erlebt. Meistens denken wir dann: »Wenn ich diesen Weg nicht gegangen wäre, wäre dies oder das nicht geschehen.«

Es kann aber auch sein, dass du Besuch bekommst oder eine Feier mit guten Freunden veranstaltest. Hierbei wird einer diesen besonderen Menschen mitbringen.

Die »Pik-Acht« signalisiert dir auch besondere Situationen. Erkenne die Gelegenheiten, die sich dir bieten, und wage den Sprung ins kalte Wasser. Manchmal tritt das Liebesglück auch durch einen Telefonanruf in das Leben, vielleicht sogar durch ein »Falsch-Verbunden«. Dann solltest du nicht auflegen, sondern deine Chance ergreifen.

Doch auf welchem Weg du diese besondere Person treffen wirst, sie kann deine große Liebe sein. Vielleicht ist sie aber auch nur der Helfer, der dich zu deiner ersehnten Liebe führt.

Wer lebt, als solle morgen
erst sein Leben beginnen,
wer glaubt, dass morgen erst sein Glück käme,
der wird beides nicht erleben.

Blaise Pascal

Pik-Sieben

Diese Karte sagt dir, dass du bereit bist, etwas Neues zu erschaffen. Etwas Besonderes und Großartiges wird in dir entstehen. Das kann ein neues Leben sein, denn der Kinderwunsch ist natürlich bewusst oder unbewusst in dir vorhanden, oder auch das kreative Erschaffen geistiger oder materieller Werke. Vielleicht finden auch »Neuschöpfungen« in deinem Berufsleben statt.

Natürlich wirst du dabei nicht allein sein: Liebe, Wärme und Verständnis werden dir von einem Menschen entgegengebracht, den du dein ganzes Leben lang gesucht hast. Diese Person ist dir ganz nahe. Vielleicht bist du ihr schon einmal begegnet und ihr habt euch wieder verloren. Dann gibt es für euch nun eine zweite Chance.

Mögen dir der Weg zu Anfang auch schwer und das Ziel unerreichbar erscheinen, dein Wille zählt. Gehe zur Beginn des Weges nur kleine Schritte. Habe Mut und Selbstvertrauen, denn die Glückslage, deinen Lebenspartner zu finden, könnte sich schnell verändern. Also zögere nicht, sondern handle zielgerichtet. Dies führt zum Erfolg, denn du wirst erwartet.

Der Grund, warum Vögel fliegen können
und wir nicht, ist der,
dass sie voller Zuversicht sind,
und wer zuversichtlich ist, dem wachsen Flügel.

Sir James Matthew Barrie

Deutung B

Herz-Karten

Herz-Ass

Das Glück kommt in dein Haus, in dein inneres Haus und in dein Herz. Schaffe aber zuerst Platz, und befreie dich von Dingen und Gedanken, die überholt sind und die du nicht mehr brauchst.

Herz-König & Herz-Dame

Du wirst den Teil deiner Seele erkennen, der sich als Spiegelbild im Partner zeigt. Dein Schutzengel und der deines Partners werden euch zusammenführen.

Herz-Bube

Der »Herz-Bube« symbolisiert Freude und Glück. Gehe dem Glück entgegen, und schlage neue Wege ein, es können auch einmal Umwege sein.

Herz-Zehn

Überraschende Ereignisse kommen sehr bald auf dich zu. Lust und Freude erwarten dich. Genieße die Zeit, denn die Sexualität ist ein wunderbares Geschenk vom großen Geist der Erde.

Herz-Neun

Die Liebe hat viele Aspekte. Diese Verbindung könnte eine karmische Beziehung sein. Eure große Vertrautheit lässt erahnen, dass ihr euch schon einmal begegnet seid, vielleicht in einem früheren Leben.

Herz-Acht

Mit Selbstvertrauen wirst du neue Türen öffnen, hinter denen du erwartet wirst. Baue dir keine Hindernisse auf.

Herz-Sieben

Sei vorsichtig mit dieser Begegnung. Vielleicht lebt dieser Mensch noch in einer festen Bindung, oder er hat einen anderen Partner innerlich noch nicht losgelassen.

Deutung B

Karo-Karten

Karo-Ass

Es geschehen Wunder, und für dich wird es große Veränderungen geben. Bleibe beharrlich, denn deine Vi-sion einer wunderbaren Partnerschaft wird sich erfüllen.

Karo-König

Der »Karo-König« führt dich zu Menschen oder auch zu Büchern, die deine ganze Aufmerksamkeit erfordern. Wir sollten unser Wissen immer miteinander teilen und aus alten und neuen Schriften Weisheit aufnehmen. Deinen Partner findest du im Umfeld von Wissen und Büchern.

Karo-Dame

Auf dich kommt eine Herzensfreundschaft zu, in der Güte, Wohlwollen und Vertrauen wichtig sind. Aus dieser Freundschaft kann innige Liebe entstehen.

Karo-Bube

Glaube deiner inneren Stimme, es ist die Stimme deines Schutzengels. Bekanntlich führen uns die Engel zu unserem Lebenspartner.

Karo-Zehn

Du bist ein unwiderstehlicher Magnet, du ziehst die Menschen förmlich an. Aber der richtige Partner kommt auf einem anderen Weg zu dir.

Karo-Neun

Die »Karo-Neun« bringt dir neue Impulse auf der inneren Ebene. Auf dich wartet eine Seelenverbindung. Ein Lebensauftrag, den du sehr gut kennst, führt dich zu deinem Partner.

Karo-Acht

Deine neuen Ansichten bringen für dich große Überraschungen mit sich. Diese Karte verspricht, dass dir Wunder begegnen werden. Deine Ausstrahlung wird sich vollkommen verändern, und du ziehst die Wunder förmlich an.

Karo-Sieben

Alles, was die Partnerschaft betrifft, geht seinen Weg zu deinen Gunsten. Vorher solltest du aber deine Scheu vor Veränderungen aufgeben.

Deutung B

Kreuz-Karten

Kreuz-Ass

Dein negatives Denken steht dir beharrlich im Weg. Denke über eine Partnerschaft nach, oder probiere die Zweisamkeit zwischen zwei Menschen einfach einmal aus. Nimm die Herausforderung im Vertrauen auf deine innere Führung an, dir wird kein Leid geschehen.

Kreuz-König

Du versuchst, immer die Fäden in der Hand zu halten und andere deine Dominanz spüren zu lassen. Du besitzt starke Kräfte. Nutze sie auch für die Zärtlichkeit und Sanftheit, dann wird sich deine Sehnsucht nach Liebe erfüllen.

Kreuz-Dame

Gehe mutig auf Situationen zu, die dir Angst machen. Wenn du den falschen Weg gewählt hast, darfst und kannst du jederzeit umkehren. Es ist besser, sich einmal geirrt zu haben, als etwas niemals versucht zu haben.

Kreuz-Bube

Diese Karte sagt dir eindeutig, dass dein aktueller Partner nicht der richtige für dich ist. Es gibt viele Gründe, die gegen eure Verbindung sprechen. Lasse etwas Zeit vergehen, und ziehe eine neue Karte.

Kreuz-Zehn

Du bist im Widerstreit mit dir selbst. Du weißt nicht genau, ob du überhaupt eine Partnerschaft eingehen willst. Deine einsame Lebensweise hat schließlich auch Vorteile. Nun musst du dich entscheiden.

Kreuz-Neun

Dein Mangel an Vertrauen führt dich in die Resignation, und du bist nicht mehr fähig, in einer Beziehung zu leben. Du bist auf dem Weg der Befreiung, wenn du dich von deinem Schmerz und deiner Enttäuschung endgültig befreist.

Kreuz-Acht

Nun endet deine Blockade. In entspannter Gelassenheit kannst du auf die Dinge warten, die auf dich zukommen. Du wirst Erfüllung und Freude erfahren.

Kreuz-Sieben

Die Zeit der Tränen und der Traurigkeit ist nun vorbei. Mit wachsender Aufmerksamkeit begibst du dich wieder unter Menschen. Du wirst das finden, was du suchst.

Deutung B

Pik-Karten

Pik-Ass

Du wirst einen Vertrag eingehen, einen Vertrag mit dir selbst. Du korrigierst deine Wünsche und Vorstellungen und orientierst dich neu. Alle Einschränkungen, die dir das Vorwärtskommen erschwert haben, sind dann verschwunden.

Pik-König

Liebe bindet, aber sie fesselt nicht. Eine feste Bindung steht dir bevor. Gehe behutsam mit der Partnerschaft um. Oft ist es heilsam, zu überprüfen, was wirklich wichtig ist.

Pik-Dame

Frischer Wind weht in dein Haus, und du wirst deine Trägheit überwinden. Lasse dich überraschen. Diese Karte zeigt dir Ereignisse an, die dein Leben verwandeln werden.

Pik-Bube

Für dich werden die kleinen Alltagswunder von großer Bedeutung sein. Die Schönheit der Natur oder auch die Schönen Künste können dir Wege weisen, auf denen du deinen Partner finden wirst.

Pik-Zehn

Du bist im Aufbruch, vielleicht sogar in ein neues Lebensumfeld. Die Karte kann aber auch eine große oder kleinere Reise anzeigen. Achte auf die Menschen, die dir auf der Reise begegnen.

Pik-Neun

Du kannst gelassen in deine Zukunft blicken. Es dauert noch ein wenig, bis du deinen Lebenspartner findest. Habe Geduld, denn du wirst zur rechten Zeit am rechten Ort sein.

Pik-Acht

Eine wichtige Begegnung steht dir bevor. Du wirst lange Gespräche haben, die dir bei der Selbstfindung helfen. Es könnte sein, dass du diese Gespräche mit deinem Herzenspartner führst.

Pik-Sieben

Etwas Neues wird entstehen. Entweder steht die Geburt eines Kindes bevor, oder du erschaffst in Geist und Seele etwas für dich sehr Wichtiges. Für beides wird dir ein liebevoller Partner zur Seite stehen.

Deutung C

Herz-Karten

Herz-Ass

Du zweifelst am Sinn deines Lebens: Was du dir in der Partnerschaft gewünscht hast, hat sich nicht erfüllt. Diese Beziehung war nicht gut für dich. Überlege dir, welche Gefühle diese Situation in dir ausgelöst hat. Bist du niedergeschlagen, erschöpft, beschämt oder nur wütend und einsam? Zuerst musst du Ordnung in deinem inneren Haus machen. Übernimm die Verantwortung für deine Gefühle, und gib niemandem die Macht über deine Emotionen. Begleite das innere Reinemachen mit der Säuberung deines äußeren Hauses. Trenne dich von den Dingen, die du nicht mehr brauchst. Große innere Veränderungen werden sich ereignen. Diese Entwicklung kannst du durch das Versprühen von zwei wunderbaren Salzen fördern. Benutze zuerst das Lichtsalz-Spray Schattenvernichter und anschließend das Lichtsalz-Spray für Licht und Liebe. Wenn all dies geschehen ist, wirst du ein Wunder erleben. Wie auf magische Weise wird dir dein Seelenpartner begegnen.

Herz-König & Herz-Dame

Du wirst nicht mehr lange warten müssen. Tief in deinem Inneren spürst du, dass dein Herzenspartner schon auf dem Weg zu dir ist. In vielen Märchen findet sich die magische Verbindung zweier Liebender. Beispielsweise muss ein Frosch geküsst werden, oder die schlafende Prinzessin braucht einen Prinzen, der die Dornenhecke durchbricht und sie erweckt. Märchen symbolisieren den Glauben an eine Magie, die aus den ältesten Teilen unseres Gehirns aufsteigt.

Bald wirst du deinem Prinzen oder deiner Prinzessin begegnen. Stelle deine »Antennen« auf Empfang. Am leichtesten geht dies durch eine Meditation. Erlaube deinem Bewusstsein, sich auf deinen Partnerwunsch auszurichten.

Herz-Bube

Dieser Glücksbringer hält einige großartige Dinge für dich bereit. Nun liegt es an dir, dich auf die Ereignisse vorzubereiten. Blicke dazu zurück auf deine Kindheit oder deine Jugend. Welchen Vorbildern hast du damals nachgeeifert? Kleine Mädchen träumen vielleicht davon, ein großer Film- oder ein Musikstar zu werden. Jungen wollen fast immer ein Held sein, im Leben, im Beruf oder im Sport.

Heute lächelst du über deine Kindheitsfantasien, doch ist die Sehnsucht geblieben, etwas Besonderes zu sein. Betrachte weiterhin die Welt mit den Augen des Kindes, das du damals warst. Spiele eine Zeit lang mit deiner kreativen Energie, und lasse alle in dir aufsteigenden Bilder, Symbole oder Worte in deinem Bewusstsein Form annehmen. Spüre, dass du etwas Großartiges und Besonderes bist. Durch Räuchern fällt es dir vielleicht leichter, in Verbindung mit deinen Fantasien zu treten. Versuche einmal indianische Räucherstäbchen aus Sweetgrass und Salbei. Führe dein Leben als Erwachsener von dieser Ebene ausgehend. Dann werden sich all deine Wünsche und Sehnsüchte erfüllen. Denke immer daran: Du bist und warst schon immer etwas Besonderes.

Herz-Zehn

Durch die Liebe lernen wir unsere Lebensaufgabe kennen und wecken in uns die Erinnerung an unsere Ganzheit. Die Liebe ist die Urkraft der Erde, doch im Höhepunkt des Liebesakts erblicken wir für Sekunden ein Stück vom Paradies. Das Bedürfnis nach Einheit und Vereinigung ist tief in unserem persönlichen und im kollektiven Gedächtnis verankert. Wir streben danach, außerhalb von uns selbst Erfüllung zu finden. Für dich ist diese Erfüllung zum Greifen nah. Du musst dich nur gut auf sie vorbereiten.

Nimm einmal ein duftendes Bad. Im Buch *Aroma-Öle* von Markus Schirner wirst du leicht deinen Lieblingsduft finden. Gib nun alle deine Ängste, Sorgen und auch deine unerfüllten Hoffnungen und Wünsche an eine höhere Macht ab. Zünde nach dem Bad eine rosa und eine grüne Kerze an, und höre leise entspannende Musik. Lasse deiner Vision einer erfüllten Liebe freien Lauf, denn die Gedanken haben große Macht. So wie du dir alles bildhaft vorstellst, wird es sich erfüllen, sobald die beiden Kerzen abgebrannt sind.

Herz-Neun

Sobald du die glückliche Fügungen und die Fingerzeige besser wahrnehmen kannst, befindest du dich
auf dem Weg, der dich zur Erfüllung deines Wunsches
nach einer glücklichen Partnerschaft führt. Wisse,
dass du das Auftreten von glücklichen Zufällen fördern kannst. Lerne, deine Sinne zu schärfen und deine Umgebung bewusst wahrzunehmen, denn jeder
Fremde, dem du begegnest, könnte eine Botschaft
für dich haben. Vielleicht ist gerade ein Wunder auf
dem Weg zu dir, aber du achtest nicht auf die Fingerzeige, die dir das Universum anbietet. Trage in der
nächsten Zeit zwei Mut-Handschmeichler aus dem
Kraftstein Granat bei dir. Mit diesen Steinen hältst du
einen Wegweiser, einen Kompass, in deiner Hand.
Einen der Steine wirst du sehr bald deinem Liebsten
überreichen können.

Herz-Acht

Lasse deine alten Vorstellungen von Liebe und Partnerschaft los, dann wird etwas Besonderes geschehen. Die »Herz-Acht« bestätigt dir, dass du alle deine Vorhaben auch verwirklichen wirst. Dein Leben wird sich verändern, denn du findest wieder Zugang zu deiner Lebensenergie. Die Liebe befreit dich von den Alltagssorgen, und du wirst dem Geheimnis und dem Zauber des Lebens sehr nahekommen. Achte auch im Alltag auf die intensive Lebendigkeit, besonders wenn du dich zu jemandem hingezogen fühlst. Löse dich von deinen Erwartungen und den Ängsten, dass die Menschen dich vielleicht ablehnen könnten. Falls dies doch eintreten sollte, sieh es als eine Erfahrung und als eine Übung an. Lasse dich nicht entmutigen, wenn die erwünschte Resonanz nicht eintritt. Du wirst den Partner finden, der im göttlichen Drehbuch für dich festgelegt wurde. Achte jeden Tag auf neue Möglichkeiten, habe Vertrauen in deine Instinkte, und werde bewusst aktiv. Um deine Ausrichtung zu stärken, lies einmal das Buch *Füreinander bestimmt* von Nina Larisch-Haider.

Herz-Sieben

Die »Herz-Sieben« zeigt dir an, dass du einen Hauch von Liebe erfahren wirst. Richte deine Aufmerksamkeit und deine Liebe einmal auf die kleinen Dinge des Lebens, z. B. ein Kinderlächeln, den Duft von Erde oder wie es ist, den warmen Sommerregen auf der Haut zu spüren. Blicke die Menschen freundlich an, und bedanke dich für eine gute Tat. In alldem liegt ein Hauch von Liebe verborgen. Wenn du Liebe mit Liebe begegnest, erzeugst du immer mehr Liebe und ebnest den Weg für eine harmonische Partnerschaft. Lege einen ungeschliffenen Rubin an einen hellen Platz am Fenster. Nimm ihn einmal pro Tag in deine Hand, und schenke ihm deine ganze Aufmerksamkeit. Das ist der Anfang vom Hauch der Liebe. Achte nun darauf, welche Hinweise und Botschaften dich erreichen. Erst wenn du eine günstige Fügung auch bemerkst, kannst du ihre Bedeutung für dich erkennen.

Deutung C

Karo-Karten

Karo-Ass

Du bist beruflich erfolgreich, hast ein sicheres Auftreten und wirst auch in deinem Freundeskreis bewundert und geschätzt. Aber dein Herz und deine Seele sind einsam. Dein Selbstbild ist eng mit deinem Selbstwertgefühl verbunden. Dein Ego möchte sich immer durchsetzen und sich selbst schützen. Dadurch bist du sehr einsam, und aus Angst vor einer Niederlage fällt es dir schwer, auf andere Menschen zuzugehen. Lasse deine Vorstellung von deiner Person hinter dir. Ein unbekannter Mensch wird nun in dein Leben treten. Wenn du ihm begegnen möchtest, musst du bereit dazu sein, dich vertrauensvoll auf ihn einzulassen.

Bereite dich in Ruhe auf diese besondere Begegnung vor, indem du passendes Räucherwerk verbrennst. Rosenweihrauch passt sehr gut dazu, doch auch alle anderen Räucherstoffe, die dich ansprechen, kannst du nutzen. Nimm dir für dieses kleine Ritual Zeit, und atme den Duft des Rauchs ruhig und entspannt ein. Zentriere dich, aber verdränge nicht deine Gefühle und deine Sehnsüchte.

Karo-König

Der »Karo-König« symbolisiert deinen Helfer und Heiler, deinen besten Freund, der dich auf dem Weg durch dein Leben begleitet und beschützt. Das kann dein Schutzengel sein, ein Aufgestiegener Meister oder sogar eine Gottheit.

Auch wenn du den Namen deines Helfers nicht kennst, hast du seine Hilfe und die Auswirkungen seiner Taten sicherlich schon einmal bemerkt. Du weißt, dass gut für dich gesorgt wird. Dein Wunsch nach einer glücklichen Partnerschaft wird sich erfüllen. Der göttliche Plan führt die Lebensströme zusammen, die dir bestimmt sind. Lasse deine Zweifel hinter dir, und lerne, das Unmöglich zu denken und zu träumen. Meditiere öfter einmal, z. B. mit einer Reise in den Ursprung der Liebe.

Karo-Dame

Du hast die besondere Gabe, anderen Menschen zu helfen. Aber oft bist du müde und erschöpft, denn du hast dich wieder einmal verausgabt. Kaufe dir eine schöne bunte Ansichtskarte. Adressiere sie an dich, und schreibe den folgenden Text auf die Karte:

»Mein lieber ... / Meine liebe ...,

deine Seele ist losgelöst von allen Dramen, die nicht die deinen sind. Du bist aber in emotionaler Hinsicht unfrei, wenn du dich von den Sorgen anderer überwältigen lässt. Sei bereit, deine Kräfte endlich wieder aufzuladen. Ich helfe dir dabei.
Es grüßt dich dein Schutzengel.«

Du siehst, dass du Hilfe aus der geistigen Welt erhältst, aber auch du bist aufgefordert, etwas zu tun. Schüßlersalze, die du rezeptfrei in der Apotheke kaufen kannst, sind Körper- und Seelensalze, die dir wieder neue Kraft geben. Lies ihre Wirkungen in dem Buch *Lebensquell Schüßlersalze* von Monika Helmke Hausen nach. Du wirst endlich frei sein. Stelle dir vor, dass du Liebe ausstrahlt, so wie Licht und Wärme von einem Freudenfeuer ausgehen.

Karo-Bube

Diese Karte symbolisiert unseren Schutzengel. Weil er unser Leben aus einer höheren Sicht wahrnimmt, ist er immer bestrebt, uns zu unserem Besten zu führen. Es gibt viele Möglichkeiten, die Stimme deines Engels zu hören oder zu verspüren. Sicherlich hast du ihn schon einmal gespürt, z.B. als dich ein »Zufall« vor einem Unglück bewahrt hat. Du weißt mehr, als du glaubst. Frage deinen Engel nach seinem Namen, und nimm Kontakt mit ihm auf. Du wirst seine Kraft verspüren. Fasse all deine Wünsche und deine Sehnsucht nach Liebe und Glück in einem Gebet zusammen, und bitte deinen Schutzengel um Unterstützung. Im Gebet zu Gott wird eine geistige Energie, eine bestimmte Schwingung, freigesetzt und eine ungeheure Kraft kommt in Bewegung. Die göttliche Ordnung bestimmt die Voraussetzungen dafür, in deinen Angelegenheiten Wunder zu vollbringen. Zur Kraft deines Schutzengels lies einmal das Buch *Mit Engeln reisen* von Jeanne Ruland oder höre die CD *Engel – Brücke im Licht* von Shantidevi.

Karo-Zehn

Sei nicht bescheiden, diese Karte zeigt dir die Fülle an. Wohlstand und Glücklichsein gehören zusammen. Wenn du aber nur auf Reichtum fixiert bist, fühlst du dich, als wärst du von einem undurchdringlichen Nebel umgeben. Wenn Geld allein zum Ziel aller Bemühungen wird, wirkt es entfremdend. Frage dich das nächste Mal, wenn du dich von einem Menschen angezogen fühlst, Folgendes: Was zieht mich besonders an diesem Menschen an? Ist es seine Schönheit, seine Anmut, seine Macht oder sein Reichtum? Mache dir bewusst, dass auch in dir diese Eigenschaften vorhanden sind. Analysiere deine Gefühle. All diese Eingenschaften sind nur die »glänzende Verpackung« des Menschen, aber auf seine inneren Werte kommt es an. Blicke hinter den äußeren Schein, und vergiss nicht, dass dein Gegenüber das Spiegelbild deiner Seele ist.

Das Buch *Der geheime Plan Ihres Lebens* von Ruediger Schache kann dir vielleicht weiterhelfen. Zur Entspannung solltest du die Licht, Liebe und Wohlstand bringenden Tonkabohnen verräuchern. Dann wird sich der Nebel um dich lichten, und du wirst von dem gefunden, den du suchst.

Karo-Neun

Du hast den inneren Drang und auch die Fähigkeit, anderen Menschen zu helfen und sie auch zu heilen. Vielleicht bist du sogar in einem Heilberuf tätig. Viele Menschen bitten dich um Hilfe. Deine Selbstlosigkeit ehrt dich, aber auch du brauchst einmal Hilfe, wie jeder Heiler.

Die Wirklichkeit ist dir bisher verborgen geblieben, das bunte Leben, die Leichtigkeit und die unbelastete Freude. Lasse dich vom Feuer deiner Seele durchdringen, und höre auf, deinen Energiefluss zu blockieren. Du sehnst dich nach der Liebe und nach der Zweisamkeit, doch du sagst dir fortwährend: »Da draußen gibt es einfach keinen Partner für mich.« Frage dich, ob es vielleicht etwas in deinem Inneren gibt, das dir die Sicht auf die Außenwelt verstellt. Wenn es dir gelingt, alle Lasten abzustreifen, und du erkannt hast, dass Erfüllung möglich ist, wirst du bereit sein, die unendliche Zahl an Möglichkeiten zu erkunden und Liebe zu finden.

Karo-Acht

Diese Karte möchte dich ermutigen, dich für ein Wunder zu entscheiden. Wenn die Dinge nicht so laufen, wie sie sollen, kannst du dich über die Ungerechtigkeiten des Lebens beklagen. Du kannst die Situation aber auch als Chance für dein eigenes Wachstum betrachten.

Sei offen für Neues, denn höchst überraschende Dinge und Menschen kommen auf dich zu. Überwinde deine alten Verhaltensmuster. Diese Vorschläge können dir helfen, flexibler zu werden:

- Trage einmal keine Armbanduhr.

- Nimm einen anderen Weg zu deiner Arbeit.

- Kaufe dir ein neues Kleidungsstück.

- Trage ungewöhnliche Farben.

- Ändere deine Meinung über etwas oder jemanden.

Dir werden bestimmt noch viele weitere Dinge einfallen, die du einmal anders machen kannst. Löse dich von alten Gewohnheiten, dann wirst du dich wie neu fühlen. Schaffe dir ein klares Ziel, aber binde dich nicht an ein festgelegtes Ergebnis. Auf deinem Weg können dich die Aura-Soma-Öle und die Pomander begleiten.

Karo-Sieben

Denke daran, dass deine Wünsche und Gedanken nicht im Widerspruch zu den Plänen des Universums stehen. Aber wie kannst du wissen, dass deine Hoffnungen erfüllt werden? Achte auf die Fingerzeige, die Gott dir gibt, und auf die Zufälle in deinem Leben. All dies hilft dir dabei, aus deinen vertrauten Denkmustern auszubrechen.

Wie die meisten Menschen bist du noch nicht bereit dazu, dein Leben von deiner Seelenebene heraus zu gestalten. Aus diesem Grund sind wir von glücklichen Fügungen abhängig, die uns den Willen des Universums verkünden. Du kannst dem Universum einen Platz geben, indem du eine kleine Schale mit Wasser füllst, in die du ein Herz aus Kristall legst. Schenke dem Wasser täglich deine Aufmerksamkeit. Das Wasser muss täglich erneuert werden.

Deutung C

Kreuz-Karten

Kreuz-Ass

Diese Karte soll dir keine Angst machen. Sie zeigt eine Herausforderung an, die dir helfen will, einen Verlust zu verhindern. Überdenke einmal deine Lebenssituation. Du hast sicherlich Angst vor dem Scheitern einer bestimmten Sache oder vor der Einsamkeit. Gedanken an das Versagen schleichen sich bei dir ein, und das macht dich auch körperlich krank. Die Ursachen für deine Ängste liegen meist weit zurück in der Vergangenheit. Was bringt dich dazu, von der Liebe Abstand zu nehmen? Wenn du der Liebe und den Gefühlen nicht begegnen willst, vielleicht aus Angst vor Verlust, wird dein Körper dich dazu zwingen, wieder mit deinen Gefühlen in Kontakt zu kommen.

Schließe deine Augen, und wende dich deinem inneren Reich zu. Atme all die Sorgen und Ängste aus, atme dann wieder tief ein. Ein Strom von Freude und Heilkraft wird dich überfluten. Auch ein Edelstein, z. B. ein Feueropal, kann dir übersprudelnde Lebensfreude, Lebendigkeit und Begeisterung bringen. Schaue dich auch einmal in einem Geschäft um, in dem Heil- und Edelsteine verkauft werden. Intuitiv wirst du die Steine finden, die für dich am hilfreichsten sind. Dein zukünftiger Partner ist auf dem Weg zu dir, deshalb musst du dein Herz von allen Ängsten befreien.

Kreuz-König

Du hast häufig das Gefühl, dass deine negativen und positiven Kräfte gegeneinander ankämpfen. Deine Autorität verleiht dir die Macht und die Kraft, etwas Gutes, aber auch etwas Schlechtes zu bewirken. In deinen Partnerschaften hattest du immer Probleme, dir haben die Zufriedenheit und die Freude gefehlt, die aus der dauerhaften Liebe zu einem anderen Menschen erwachsen.

Höre auf, zu kontrollieren, besonders auch dich selbst. Stelle dein Ego infrage, denn es hält bestimmte falsche Vorgehensweisen für richtig. Nur wenn du in deiner Mitte bist, kannst du am besten entscheiden, was für dich und andere gut oder schlecht ist. Lasse deine Macht zu einer starken und liebevollen Kraft werden. Die Bachblüten Nr. 15 »Holly« (Ich bin offen, freundlich und liebesfähig.) und Nr. 22 »Oak« (Ich bin stark und nachgiebig zugleich.) können dich dabei unterstützen. Mache dich mit den Wirkungen der Blüten vertraut, z. B. mit dem Kartenset *Blüten-Botschaften* von Irene Drexler.

15 – Liebesfähigkeit

Holly
Stechpalme

22 – eine Auszeit nehmen

Oak
Stieleiche

12 – Optimismus

Gentian
Bitterer Enzian

Kreuz-Dame

Vergiss für einen Augenblick deine Ängste. Die Ursachen der Ängste liegen in deiner frühen Kindheit. Liz Green, die bekannte Astrologin, geht von der Annahme aus, dass die Mutter unsere erste Liebe ist. Lust und Liebe erfahren wir durch sie. Sehr früh lernen wir, ihren Wünschen zu entsprechen. Du hast von alldem nichts vergessen, und noch immer siehst du den erhobenen Zeigefinger deiner Mutter. Wenn du deine Ängste aus der Kindheit nicht auf deine neuen Partner überträgst, wirst du deine Angst verlieren. Du bist erwachsen und nicht mehr davon abhängig, geliebt zu werden. Auch deine beruflichen Entscheidungen waren meistens erfolgreich.

Du wirst dich in der Liebe frei entfalten können, wenn du auch die Freiheit deines Partners zu akzeptieren lernst. Wenn du eine Frau bist, kann dir das Buch *Die kleine wilde Frau* von Susanne Hühn weiterhelfen. Für Männer ist es oft noch schwieriger, sich aus der Beziehung zur Mutter zu lösen. Das Buch *Die Kunst des Liebens* von Mark Fisher erläutert dies noch ausführlicher.

Kreuz-Bube

Viele Beziehungen enden mit einer Trennung, weil die feste Absicht zur Bindung fehlt. Diese Erfahrung hat sich in dir fest verankert. Du bist aus Furcht, das Vergangene könnte sich wiederholen, nicht mehr bereit, dich auf eine Partnerschaft einzulassen. Doch dein Leben nähert sich nun einem Wendepunkt, das Universum sorgt dafür, dass dir etwas Gutes widerfährt. Vielleicht kommst du dir wie in einer Warteschleife vor, doch diese Pause ist wichtig für dich. So findest du heraus, wer du wirklich bist und was du willst.

Es gibt keine falschen Wege, sondern nur neue Wendungen. Dann gelingt es dir auch, eine Beziehung aufrechtzuerhalten. Zuneigung und Vertrauen wecken Vertrauen, und das, worauf du deine Aufmerksamkeit richtest, wird wachsen.

Einige Bachblüten werden dir auf deinem neuen Weg hilfreich sein, z. B. Nr. 15 »Honeysuckle« (für Menschen, die sich nicht von der Vergangenheit lösen können), Nr. 34 »Water Violet« (für Menschen mit Kontaktproblemen und Bindungsängsten) oder Nr. 38 »Willow« (für Menschen, die enttäuscht, verbittert oder beleidigt sind). *Das neue Bach-Blüten-Buch* von Götz Blome enthält umfangreiche Beschreibungen der Blütenessenzen.

Kreuz-Zehn

Sich widersprechende Gedanken zermürben dich. In dieser Situation ist es wichtig, dass du deinen Konflikt erkennst. Vielleicht bist du beruflich überfordert, oder deine Familie beansprucht deine ganze freie Zeit. Erkenne, dass du nicht so sein kannst, wie andere dich gern hätten. Du musst deinem eigenen Weg folgen.

Überprüfe, warum und von wem du dich einsperren lässt. Die Komplikationen, die sich dir in den Weg stellen, rauben dir deine Energie. Nutze sie dafür, das zu finden, was dich wirklich glücklich macht – deinen Seelenpartner. Du weißt, dass er auf dich wartet.

19 – Selbstvertrauen
Larch
Lärche

21 – Erleichterung
Mustard
Ackersenf

Mimulus
Gefleckte Gauklerblume

Vielleicht kennst du ihn schon seit längerer Zeit, oder du hast ein Bild von ihm in deiner Seele. Du musst Entscheidungen treffen, damit du dich befreien kannst.

Dabei kannst du nichts falsch machen, denn mit jeder Entscheidung erzeugst du nur eine neue Wendung in deinem Leben. Die Bachblüten können dir auf deinem Weg der Befreiung sehr helfen, z. B. Nr. 19 »Larch« (Blüte des Selbstvertrauens), Nr. 20 »Mimulus« (Mutblüte) oder Nr. 21 »Mustard« (Erleichterungsblüte).

Kreuz-Neun

Dein Wunsch nach Nähe und Partnerschaft steht im Widerspruch zu deinen tiefen Zweifeln und deiner Unsicherheit. Du passt alles an bekannte Situationen an und identifizierst dich zu sehr mit deiner Vergangenheit. Aber du bist nicht mehr der Mensch deiner Vergangenheit, du hast dich weiterentwickelt. Setze dich in die Stille, und beobachte deinen Geist und deinen Körper. Dir wird bewusst, dass du nur ein begrenztes Selbstbild wahrnimmst. Du kannst es mit Leichtigkeit aufgeben. Mit diesen neuen Gedanken fühlst du dich größer und freier. Öffne von innen heraus die Tür deines Herzens, damit die Liebe eintreten kann. Diesen Aspekt kannst du auch in dem Buch *Die Heilung des inneren Kindes* von Susanne Hühn nachlesen.

Kreuz-Acht

Versuche, alles, was dir widerfährt, als Chance anzusehen. Verliere auch nach Fehlschlägen nicht den Mut, dich neu zu verlieben. Löse nicht neue Probleme mit alten Methoden, und sei flexibel. Es ist Zeit für eine Veränderung in deinem Leben. Erkenne die Gelegenheit, die sich dir bietet. Der Mensch, der nun in dein Leben tritt, hat es ebenfalls nicht immer einfach gehabt, auch er befindet sich in einem erfolgreichen Entwicklungsprozess. Lasse die Zweifel und deine Unsicherheit hinter dir, dann wirst du vollkommene Liebe erfahren. Eckhart Tolles Buch *Jetzt! Die Kraft der Gegenwart* kann dir bei deiner Entwicklung sehr hilfreich sein. Lebe im Hier und Jetzt, dann taucht auch etwas Neues auf, bei dir z. B. ein neuer Partner.

Kreuz-Sieben

Diese Karte deutet auf Tränen hin. Seit langer Zeit fühlst du dich vom Leben und der Lebensfreude abgeschnitten. Wenn dir nach Weinen ist, dann unterdrücke deine Tränen nicht. Sie sind der einzige sichtbare Ausdruck der Seele. Die wahre Quelle deiner Seele liegt in deinem Inneren verborgen. Mit deinen Tränen kannst du deine Seele reinigen. Alles hat seine Zeit. Vertraue darauf, dass deine Seele, die sich im Einklang mit dem Universum befindet, nur das Beste für dich will. Eine Reinigung der Seele verstärkt das Energiepotenzial für die Gegenwart, das Hier und Jetzt.

Trage täglich einen Karneol für eine Stunde nahe bei dir. Dieser Stein bringt Wärme und Vitalität in deinen Körper und stärkt das ursprüngliche Gefühl, mit dem Leben fließen zu dürfen. Die Türen für die Gegenwart und die Zukunft stehen für dich nun offen. Die Liebe, die Kraftquelle und die Essenz des Lebens, wird dich finden. Nach dem kosmischen Gesetz der Resonanz werden die Seelen von dir und deinem zukünftigen Partner in Schwingung versetzt. Wenn das geschieht, werdet ihr zusammenfinden.

Deutung C

Pik-Ass

Du stehst oft unter großem Stress, wenn es um Liebe und Partnerschaft geht. Du möchtest nichts falsch machen und glaubst, dass dir Verträge und Versicherungen den nötigen Schutz geben, dich auf eine Beziehung einzulassen. Aber diese Einstellung erzeugt Druck, auf deinen Partner, aber auch auf dich. Dein Gerechtigkeitssinn führt dich zu der Frage: »Was wiegt mein Einsatz, und was bringt mein Partner als Gegengewicht auf die Waage?« Doch in persönlichen Angelegenheiten sollte man besser der Liebe die Entscheidung überlassen.

Lege eine kleine Pause ein, denn es gibt in der Liebe keine Garantien. Aus diesem Grund ist das Geheimnisvolle an einer neuen Begegnung so unwiderstehlich; das sollte es auch für dich werden. Das nächste Mal, wenn du dich verliebst, sei im Frieden mit deiner Unsicherheit.

Schreibe Folgendes auf ein Blatt Papier: »Jeder meiner Wünsche ist erreichbar, und alle meine negativen Gedanken gebe ich an das Universum ab. Ich stelle mir vor, dass alle meine Beziehungen belebend und spielerisch sind und dass ich im Rhythmus des Universums tanze.« Dann verbrenne das Papier. Der Rauch wird seinen Weg finden.

Pik-König

Wenn du dich leidenschaftlich nach der Begegnung mit deinem Partner sehnst, wird sich dies sehr schnell einstellen. Starke Gedanken haben eine große Macht. Stelle dir vor, dass du wahrnimmst, was anderen vielleicht nicht auffällt. Stelle dir auch vor, dass alles, was dir zustößt, und alles, was du tust, einem tieferen Sinn und Zweck entspricht. Die Welt ist voller Magie, die dir jeden Herzenswunsch erfüllen will.

Nimm dir fünf Minuten Zeit, und sitze einfach still. Stelle dir in dieser Ruhepause folgende Fragen: »Wer bin ich? Wie stelle ich mir mein Leben vor? Was wünsche ich mir heute für mein Leben?« Lasse dann los, und gib deiner inneren Stimme die Gelegenheit, dir zu antworten. Wenn die fünf Minuten abgelaufen sind, schreibe die Antwort auf. Mache dieses kleine Ritual jeden Tag. Du wirst überrascht sein, wie Situationen, Ereignisse und Menschen sich günstig um die Antworten gruppieren. Schon bald wirst du mit Sicherheit deinen Herzenspartner finden.

Pik-Dame

Du bist nicht bereit, eine tiefere Beziehung zu einem Partner aufzubauen, auch wenn du das nicht wahrhaben willst. Vielleicht bist du noch sehr jung, ein bisschen zu neugierig und zu verspielt, dann ist es gut so. Nimm dir Zeit für das Lachen und für die Leichtigkeit.

Wenn du eher im reiferen Alter bist, solltest du dich fragen: »Wie steht es mit meiner Beziehungsfähigkeit?« Wir sind nicht auf der Erde, um allein zu leben. Doch für dich gibt es immer logische und rationale Gründe, warum du für eine Partnerschaft keine Zeit hast. Im tiefsten Inneren möchtest du dich geliebt fühlen und nicht mehr einsam sein.

Es ist Zeit für dich, eine Bilanz zu ziehen. Für eine Partnerschaft sprechen z. B. Liebe und Geborgenheit, dagegen z. B. die persönliche Freiheit. Setze oder lege dich bequem hin, schließe deine Augen, und bringe deinen inneren Dialog zur Ruhe. Richte dann deine Aufmerksamkeit auf dein Herz. Stelle dir vor, dass du dich für jede emotionale Erfahrung, die du machen möchtest, frei entscheiden kannst. Bei diesem Ritual können dich die Bachblüten deiner Wahl oder auch ein entspannendes und heilendes Aromaöl, z. B. Orange, unterstützen.

Pik-Bube

Nun musst du deine ganze Aufmerksamkeit endlich wieder auf dich richten. In deinem Leben hast du sehr viel für andere getan. Auch für Kinder und Tiere hast du jederzeit ein offenes Herz und eine gebende Hand.

Öffne dich für deine eigene Wirklichkeit, denn du hast immer zuletzt an dich gedacht. Für dich beginnt eine Lebensphase, in der du loslassen kannst. Was du gesät hast, werden deine Helfer weiterhin beschützen. Deine große Sehnsucht nach Liebe und Geborgenheit wird sich auf einem Spaziergang, vielleicht mit deinem Hund, erfüllen. Du hast zwar den Sinn des Lebens verstanden, doch durch dein selbstloses Handeln bist du nicht zu dir selbst gekommen.

Die Meditation kann für dich eine Möglichkeit sein, die Stille und innere Ruhe zu erleben. Zu diesem Thema gibt es sehr viele gute Bücher und auch geführte Meditationen auf CD, z. B. *Königin im eigenen Reich* von Susanne Hühn.

Pik-Zehn

Wenn dir eine größere oder eine bedeutende Reise bevorsteht, hast du die Möglichkeit, außergewöhnliche Erfahrungen zu machen und besonderen Menschen zu begegnen.

Es kann sich bei dieser Reise auch um einen Traum handeln, in dem dir Menschen begegnen und Dinge geschehen, die gerade jetzt von großer Bedeutung für dich sind. Deine Träume sind Interpretationen deines Lebensweges, sie enthalten oft verschlüsselte Botschaften.

Bevor du einschläfst, beauftrage deine Seele, dass es dir nach dem Aufwachen gelingt, dich an deine Träume zu erinnern. Achte darauf, wie du dich in deinen Träumen fühlst. Ein schlechter Traum kann trotzdem gut für dich sein, wenn es dir dabei gut geht. Achte auf die Symbole, und lies ihre Bedeutung nach. Auch Bücher oder CDs mit Traumreisen können dich inspirieren. Vielleicht wirst du eine Veränderung in dir erleben, ob auf einer Reise in der Realität oder im Traum. Für dich kommt eine Zeit, in der du tief in deinem Inneren weißt, dass all deine Wünsche in Erfüllung gehen werden.

Pik-Neun

Es drängt dich zum Handeln. Wenn du aber diese Karte gezogen hast, kannst du den Dingen ruhig und gelassen ihren Lauf lassen. Wenn du deine Wünsche frei wirken lässt, schaffst du Platz für Neues.

Vielleicht erlebst du bald vier Zufälle, die scheinbar nicht miteinander zusammenhängen. Es kann auf der Straße passieren oder in einer Radio- oder Fernsehsendung. Vielleicht fällt dir auch ein Buch in die Hand, oder ein besonderer Geruch weckt Erinnerungen in dir. Gib dich den Situationen hin, und lasse sie auf dich einwirken. Den Sinn der Ereignisse wirst du erst erfahren, wenn dir dein Schicksalspartner begegnet ist. Nutze die Zeit dafür, dich selbst ein wenig zu verwöhnen. Die wunderbaren und farbenprächtigen Aura-Soma-Öle, können dich in dieser Zeit unterstützen. Wähle die Flasche aus, die dich besonders anspricht. Die Farbkombination der Equilibrium-Flasche birgt eine Botschaft über dein verborgenes Seelenleben in sich, die du in vielen hervorragenden Büchern zum Thema nachschlagen kannst.

Pik-Acht

Du hast die Welt ein wenig aus den Augen verloren. Deine Aufgabe besteht nun darin, den Ort, der dein Zuhause ist, häufiger zu verlassen. Es müssen keine großen Reisen sein, ein kleine Entdeckungstour am Wochenende könnte schon ausreichen. Etwas Unvorhersehbares steht dir bevor. Aber habe keine Angst, denn du bekommst eine gute Botschaft von einem Menschen oder von einer eindrucksvollen Situation. Deine Perspektive wird sich in sehr positivem Sinne erweitern, und auch deine Wahrnehmung wird sich verstärken.

Es gibt keine Zufälle, und das Leben ist voller Zeichen und Symbole. Vielleicht solltest du wieder einmal im Gras liegen und in den Himmel schauen. Deine langfristigen Pläne, deine Gedanken und Wünsche kreisen um eine harmonische und glückliche Partnerschaft. All dies wird Wirklichkeit werden, denn du bist der Schöpfer deiner Wirklichkeit. Alles, worauf du deine Aufmerksamkeit richtest, wird wachsen und sich entwickeln. Du wirst die Liebe als ein Licht erfahren, das in deinem Herzen und in dem deines Partners leuchtet. Lies einmal das Buch *Das Geheimnis der Liebe* von Arielle Ford.

Pik-Sieben

Mithilfe deines Geistes und deiner Seele wirst du ein neuer Mensch werden. Die Schöpferkraft lebt in dir, denn dieser neue Mensch existiert bereits in dir. Es bedarf lediglich der Freilegung, der Bewusstheit. Das geschieht oft auf schmerzliche Weise, denn deine Erfahrungen und Erlebnisse aus der Vergangenheit und die anderer Menschen, die du kritiklos übernommen hast, kleben an dir wie »Pech und Schwefel«. Wenn es dein Ziel ist, dein Leben neu zu gestalten, musst du einen Weg finden, deine alten Verhaltensmuster zu durchbrechen. Halte Ausschau nach Hinweisen auf neue Möglichkeiten. Die Zeichen erreichen dich in Form von »zufälligen«, glücklichen Fügungen. In dir werden verborgene Schätze frei, und du wirst eine Art Wiedergeburt erleben.

Die Karte kann auch signalisieren, dass ein Kind geboren wird und dass dieses Wesen wunderbar und vollkommen sein wird.

Ein Kristallprisma oder eine Kristallkette können dich in dieser Zeit der Wandlung begleiten. Hänge die Kristalle am Fenster auf. Wenn die Sonne auf sie scheint, wird der ganze Raum von Licht durchflutet und von den Sonnenreflexen bewegt. Auch deine Seele wird mitschwingen.